没有教不好的孩子，只有不会教的父母

用最好的方法，养最棒的孩子

天津出版传媒集团
天津人民出版社

图书在版编目（CIP）数据

用最好的方法，养最棒的孩子 / 马利琴著. -- 天津：天津人民出版社, 2019.12
（没有教不好的孩子，只有不会教的父母）
ISBN 978-7-201-15544-9

Ⅰ.①用… Ⅱ.①马… Ⅲ.①儿童教育—家庭教育 Ⅳ.①G782

中国版本图书馆CIP数据核字(2019)第246827号

用最好的方法，养最棒的孩子

YONG ZUIHAO DE FANGFA YANG ZUIBANG DE HAIZI

马利琴 著

出　　版　天津人民出版社
出 版 人　刘　庆
地　　址　天津市和平区西康路35号康岳大厦
邮政编码　300051
邮购电话　（022）23332469
网　　址　http://www.tjrmcbs.com
电子信箱　reader@tjrmcbs.com

责任编辑　佟　鑫
装帧设计　末末美书

印　　刷　天津旭非印刷有限公司
经　　销　新华书店
开　　本　710毫米×1000毫米　1/16
印　　张　16
字　　数　227千字
版次印次　2019年12月第1版　2019年12月第1次印刷
定　　价　42.00元

最好的教育都“润物细无声”

近年来，有些父母被“别让孩子输在起跑线上”的观念误导，担心自己的孩子在起跑线上就输给别的孩子，于是给孩子报各种辅导班，超前灌输知识……但是，作为父母，我们更应该清楚，人生就像一场漫长的马拉松，即使一开始的时候抢跑在前面，但过早耗尽体力会导致中途气力不够，结果被别人远远地抛到后面。

人生只有一次，孩子的成长无法重来。所以从一开始，父母就要打好教育的根基，为孩子的人生做好助力工作，拿出所有的耐心去培养孩子。

唐代诗人杜甫在《春夜喜雨》里有句诗：“随风潜入夜，润物细无声。”这句话的意思是，春雨随着春风在夜里悄悄地落下，默默地滋润着大地万物。春雨悄悄地来，默默地滋润，不像暴雨那样突然倾泻而下，正是这样的温柔，才让自然万物吸收了足够的水分；暴雨骤然而至，雨量虽然大，但由于速度快，万物还没来得及吸收，水分就流失了。这一简单的自然现象启示我们：对教育而言，慢，不见得不好；快，也不见得就是好的。因此，我们的教育更应该顺应孩子的成长规律，不能一厢情愿地搞突击，强迫他们在短时间里实现智力、能力等各方面的突破，违背规律，只会结出恶果。

大多数孩子都是普通人，用培养天才的方法来教育自己的孩子，不仅会让他们感到疲惫，也会让作为家长的你叫苦不迭，尤其是看到自己的付出没有从孩子那里得到回报时，多半会感到郁闷、生气。可是为什么不想一想，是不是自己用错了方法？如果从一开始教育方法就是错的，那么还能指望有什么样的好结果呢？

慢养，是一种“润物细无声”的滋润。不求一时的速度与效率，静下心来，耐心地与孩子一起成长，才是最好的教育方法。

如果说孩子是一朵纤弱的花，那么又何必强求他们在同一时间盛开，甚至提前绽放？即便你的孩子错过了盛开的最好时节，也不要过分担心，说不定他会像寒冬中的蜡梅不经意间绽放，并且比别的花朵更加独特芬芳、绚丽动人。

春天开花，秋天结果，成熟需要时间，人生亦不需要抢跑。作为父母，我们要做的不是速度上的赶超，而是耐心地、慢慢地将营养灌输给孩子，滋润他们的心灵，让他们茁壮成长。

Chapter 1

对孩子的整个人生负责

Chapter 2

“慢养”出来的孩子更优秀

Chapter 3

真正做到尊重孩子，才能教子成功

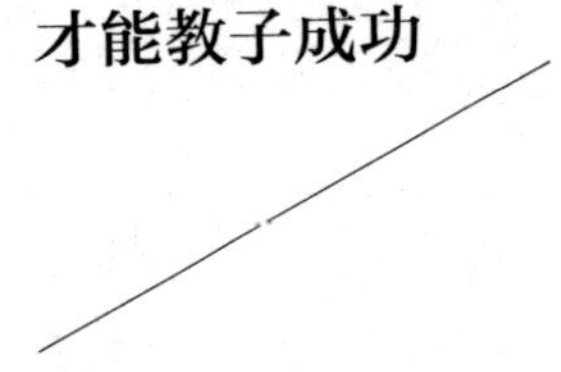

Chapter 4

有效的亲子沟通，是孩子自然成长的第一步

Chapter 5
优秀品质培养，抄近道不可靠

Chapter 6
培养好习惯，不能一味求快

Chapter 7

欲速则不达，孩子的学习急不得

Chapter 8

能力培养，需要慢慢“熏”

Chapter 9

心理健康教育，应渗透在生活的各个方面

Chapter 10

最好的教育方法是让孩子融入大自然

Chapter 1

对孩子的整个人生负责

拔苗助长，只会伤了根基

在我公司附近有一家早教中心，据说是非常专业的国际认证机构，从美国引进教材和教育方式，且全球同步。早教中心设置英文课，加入的孩子可以提前接受美国的教育。

为了互相学习，跟早教中心的负责人协商后，有一天我和几位同事一起参观了这家早教中心，结果目睹了这样的场景：

在一间宽敞的教室里，许多家长正陪着孩子在老师的带领下转圈玩游戏。在音乐声中，家长抱着孩子坐在椅子上，随着音乐不停晃动，忽而又将孩子举起……教室的另一边堆放着大量玩具，有些孩子正在上面爬来爬去，陪同的家长则蹲在旁边看。

另外一间教室里，有11个孩子正在上英语课。这些孩子中，最大的3岁，最小的1岁多。虽然外教老师卖力地教授着“duck（鸭子）”这个英文单词，但孩子们并不买账，大点的自顾自地爬到教室角落里玩起了玩具，小点的则放声哭了起来，家长怎么安慰也无济于事。没过多久，孩子们都哭闹起来。外教老师只好放下手中的PPT（演示文档），跟家长一起哄孩子，好好的课堂顿时乱成了一团。

陪同我们参观的工作人员无可奈何地说：“没办法，我们开英语课就是为了从小培养他们的语感，外教老师采用的也是国外的教育方式，美国都是这么教孩子的。”

在我看来，孩子的成长好比一场马拉松，绝不是一蹴而就的。根基不牢，再好的树苗也不会长成参天大树。在孩子年纪还小时，教他们懂得做人的道理，养成好的生活习惯，在人格和品性方面打好根基，在此基础上再灌输知识，才会显现出一定的成效。

放眼望去，但凡优秀的孩子通常综合素质都很强，而不是单纯地靠学习成绩突显出来的。父母对孩子的教育如果不能稳扎稳打，而是太过着急甚至拔苗助长，最后孩子不仅不能成才，对他们造成的心理伤害也会影响他们未来的人生。

方法一：遵循成长规律，教育才会事半功倍

我有个远房表妹，她的儿子朋朋今年9岁，上小学三年级，学习成绩在班里一直都是中上等。表妹对孩子的期望很高，希望他将来能上重点小学、重点中学、重点大学，最好还能出国留学，所以她对朋朋的成绩总是感到不满意。为了让朋朋的成绩能有突飞猛进的提高，表妹没有顾及9岁孩子的实际情况，执意给他制订了一个大人看着都头皮发麻的学习计划，可以说，她几乎把朋朋的所有时间都安排在了学习上。为了朋朋能够按计划执行，表妹还发动老公，两人轮流对孩子进行监督。

但朋朋毕竟只有9岁，他这个年龄阶段，集中注意力的时间本来就没有成人长，还非常容易受到其他事情的干扰。所以，朋朋在父母的监督下看似一直在学习，可一个月下来，并没有取得什么理想的效果，甚至学习计划执行一段时间后，朋朋的考试成绩不但没有提高，反而下降了。

后来，表妹打电话向我请教，我帮她分析了个中原因。我对她说："孩子的成长都是有规律的，在教育孩子时，一定要遵循他们的成长规律，不能盲目。要根据孩子不同成长阶段的心理、生理特点，对他们进行合理引导，找到恰当的方法，尽量让孩子在玩的同时学到知识，愉快地成长。否则，给他们设限过多，提出超常要求，最后往往会事与愿违、事倍功半。"

孩子的成长过程有一定规律，只有在遵循规律的基础上不断分析、总结，找到最适合的教育方法，孩子才会乐于接受，学习起来也才会进步更快。

值得注意的是，不同的孩子在不同的成长阶段，各方面的特点也各不相同。明智的父母会提前搜集一些孩子不同时期的主要特点，再根据自己孩子的实际情况举一反三，提出合理要求、教给他们符合年龄段的相关知识，帮他们养成良好的行为习惯。

方法二：循序渐进，切忌拔苗助长

我女儿年龄不大，却是一个很有主见的孩子，不过有时候她会表现得有点执拗。

一次，女儿和我一起在小区北门的空地上种豆角。她认为种子种得越密，长出来的豆苗越多，结的豆角也会越多，所以她就一颗种子紧挨着一颗种子地种。我告诉她这样不行，等豆苗长出来，接收不到充足的阳光，将来豆角就会结得少，所以每颗种子之间的距离应适当大一点。可女儿不听，执意按照自己的想法种。

只要有过种植经验，都知道女儿的这种做法是错的。不过，为了让女儿通过实践认清到底哪种做法是正确的，我建议她种些距离近的，再种些距离稍远一些的，等到长出了豆角，再看哪种种法结的果实更多。女儿爽快地答应了，似乎在等着看我的"笑话"。

豆角长出来之后，我跟女儿过去看，距离近的，叶黄、豆角的个小，稀稀拉拉地挂在藤上，长得也不饱满；而那些距离稍远的，豆角个个饱满。女儿看了，心服口服。

通过这件事，我明白了一点：别看孩子年龄小，他们想问题、做事情都有自己的认知和看法。即便他们对事物的认识不清、做法也不成熟，但作为父母，我们绝不能上来就直接予以否定，这样做不但不会扭转他们的想法，还会增强他们的逆反心理。如果条件允许的话，我们应当给他们充足的时间，让事实说话，当他们知道自己确实错了，以后就会听取我们的建议和意见。忽视孩子的年龄特征、心理特点，一味地进行口头教育，不但达不到预期效果，还会让他们产生“我就不”“我就要跟你对着干”的念头。

在我们身边，许多父母都对自己的孩子抱有极高的期望，往往不顾孩子的实际情况，对他们提出过高的要求。这种情况下，一旦达不到父母要求的标准，孩子就很容易感到自卑——“我真笨”“我不行”，对学习也会逐渐失去信心，父母的期望最终也是竹篮打水一场空。只有按照孩子的年龄特点、心理特点，为他们设定合理的计划和目标，才会让他们在轻松完成任务的同时保持自信，而这也是父母实现期望的正确道路。

要知道，一天天、一年年，孩子时时刻刻都在发生着改变，父母要先了解他们各时期、各阶段的生理和心理特点，然后再采取恰当的方式帮助孩子进步。

父母一定要循序渐进地教育孩子，拔苗助长只会让他们感到窒息！

助跑过短，如何拥抱蓝天

生命蕴含着无限的可能，要想让孩子不断地超越自我、领略高远的人生，就得让他们拥有足够长的助跑。一味地将孩子禁锢在所谓的文化教育、素质教育中，他们的身心发展必然会受到束缚。

2015 年暑假，我带女儿去上海。在上海野生动物园游览天鹅园区时，我们看到清澈的湖面上，十多只天鹅在一起静静地游着，游客们纷纷被它们悠然自得的神态所吸引。

我跟女儿站在湖边，女儿赞叹说："妈妈，你看，真漂亮呀！"

我心中也生出无限感慨，附和道："是啊。"

女儿举起照相机，迅速按动了快门，之后还以此为背景，让别的游客帮我们拍了几张合影。

女儿检查拍照效果时，突然问我："妈妈，天鹅不是会飞吗？为什么它们只在水里游，不飞起来呢？"

据我所知，天鹅是一种候鸟，每年北方天气变冷的时候，它们就迁徙到温暖的南方。不过，我也不明白，这些天鹅为什么能常年待在这一方狭小的水域而不飞走。经女儿一问，我胡乱猜测起来："可能是它们吃得比较多，体重太大了，飞不起来。"

正说着，远远地，我看到一名饲养员模样的人从一个房子里走出来，便领着女儿快走几步："走，我们去找找答案。"

听了女儿的问题，饲养员笑呵呵地说："我们只不过是缩小了水域面积。"

"叔叔，什么是水域面积？"女儿的好奇心被调动了起来。

饲养员解释说："天鹅在展翅高飞之前，需要在水中进行足够的滑行，把湖水面积缩小，它们起飞前的助跑路程就短了，自然飞不起来，时间长了，它们就失去了飞翔的念头，甚至丧失了飞翔的本领。"

望着眼前这群天鹅，我的心中顿时感到一种悲哀。一直以来，天鹅都是优雅、高贵、志存高远的象征，甚至被用到成语"鸿鹄之志"里，而一旦失去飞翔能力，离开蓝天，"鸿鹄"就成为"燕雀"，成了寻常的鸟。

听了饲养员的解释，我的神经又一次被调动起来：天鹅高飞需要助跑，难道我们的教育不需要助跑吗？

天鹅飞得又高又远，正是因为它们经历了长距离的助跑，失去这段助跑，天鹅就无法飞起来。教育孩子时，如果不让他们一步一个脚印，扎扎实实地打下基本功，拥有足够的"助跑"积蓄阶段，他们就很难做到厚积薄发、一飞冲天。而这里所说的教育"助跑"，并不是单纯地对孩子进行填鸭式的知识灌输，让他们局限在狭小的课堂上，而是要让他们多接触，见识广博，为将来某天展翅高飞积蓄足够的能量。

方法一：孩子只对喜欢的感兴趣，辅导班不是越多越好

一个周末的下午，我在小区门口看到一个五六岁的小女孩，她一边被妈妈拽着走，一边带着哭腔说："妈妈，我还想玩儿……"可是，她妈妈毫不客气地拒绝了："不行，快迟到了，赶紧走。"母女俩一拉一拽，孩子一路委屈地掉眼泪，最后还是被强行拉走了。

过了几天，我到附近的超市买东西，刚一出门，恰巧又遇到了她们。小女孩在前面走，她妈妈则拿着一个小书包和水壶跟在后面，一看就是刚上完辅导班回来。我紧走几步，跟上这位妈妈，问她："孩子辅导班下课了？"

她看了看我，说："嗯。"

"你给孩子报了什么班啊？"我又问。

"舞蹈、钢琴和书法。"

"三门？"

"嗯，我们这还算少的呢，听说有的家长给孩子报了四门！"

"四门课，这怎么上？"

"上午、下午、晚上……"

我听完头都大了："你女儿比我女儿大不了多少，你一下子让她学这么多，能培养起她的兴趣来吗？"

"没办法，你看现在求职要求会这会那，多给孩子报班，让他们多学一点、都会一点，对将来总是有好处的。"

……

在我们的对话过程中，她的女儿不曾回过头看我们一眼。看着她小小的背影，我能体会到那种无奈、生气的心情，并对她的处境感到心痛。

"为了孩子的将来"，多么理直气壮的理由。然而，这位妈妈却不知道，她千方百计地为孩子"广撒网"、寻求发展空间的做法换来的是孩子的被动接受，尤其是当这些根本不是孩子喜欢或者擅长的，无异于浪费了时间，破坏了孩子成长的助跑线。

只有拼尽全身的力气破茧，蝴蝶才能振翅飞翔；只有在蚌壳里经过漫长地打磨，珍珠才能熠熠生辉；只有在水面经历足够的助跑，天鹅才能飞向蓝天……教育孩子，亦是如此。

方法二：培养孩子要有目标和重点

有一天下班，同事小陈将女儿贝贝从幼儿园接到公司，让她在会议室里做作业，等着我们下班。贝贝很乖巧，做完作业之后就开始看书复习功课。下班时间到了，同事们都过去跟贝贝打招呼，我也走了过去。

看着天真可爱的贝贝，我想起之前小陈在一次聊天中说过的话："会不会太口语化了。每次看那些家长逼着孩子上辅导班，孩子们一点都不快乐，我就生气。等以后我有了孩子，绝对不会那么做。"对于她的高谈阔论，我记得当时一位男同事说："别把话说得这么绝对，等你有了孩子，就不这么想了。"

但事实呢？小陈真的是言出必行。

怀孕 4 个月时，小陈体质弱，为了保胎，就请假在家休养。生孩子前，我去看小陈，她告诉我她的胎教计划；生了孩子之后，小陈开始实行她完美的"教育计划"。出了月子，小陈一边带孩子，一边给她介绍她看到的一切："窗帘""窗户""电灯"……3 个月后，贝贝会翻身了；6 个月后，贝贝能够稳稳地坐着了；7 个月后，贝贝开始会爬。老话说"三翻六坐七爬爬"，贝贝正是遵循着这个规律成长的。

无论贝贝爬到哪儿、看到什么、抓到什么，小陈总不失时机地告诉她："这是苹果，圆圆的，红红的，咬一口，好甜啊……""这是杯子，用来喝水的……"阳光明媚的时候，小陈就带贝贝到室外晒太阳，告诉她："花儿开了，这是红色的花。""那是小狗，它有白色的毛。"等贝贝一周岁多会走路、说话了，小陈就教她自己吃饭、自己洗脸刷牙、收拾玩具……

上了幼儿园，别的孩子都去上兴趣班，要么学舞蹈，要么学画画，要么参加小主持人的培训，而小陈依然坚持自己的教育理念："让孩子慢慢成长，顺其自然。"现在，贝贝虽然没上任何兴趣班，但她很厉害，会唱歌、能讲情景故事、做一些简单的手工，生活上基本能够自理，懂礼貌，性格也很开朗，跟别的孩子相比，明显觉得她更大方、得体。

贝贝没有参加补习班或者兴趣班，她的课余时间很充足，并且过得丰富，是一个多才多艺的小姑娘。可见，孩子是否有出息，不一定完全靠上补习班。作业繁重，没有休息和玩的时间，只会让孩子越来越疲惫，学校老师讲授的基础知识也会无心学习，在“助跑”阶段就落下。所以说，孩子人生中的“助跑”阶段是十分重要的，要想让孩子出人头地，父母就要做好“助跑”阶段的工作，一定不能盲目跟风。

父母要懂得适当“妥协”

教育领域非常流行一句话：“别让孩子输在起跑线上。”于是，一些家长通过各种培训班给孩子灌输超出他们承受能力的知识，虽然有时候看着孩子疲惫的样子，自己也心疼，可想想别人都是这样做的，只好妥协。

小樱今年5岁，为了让她能够在同龄孩子中脱颖而出，妈妈没事时就会带着她出去玩，还认识了几个年龄相仿的妈妈。起初在一起玩的孩子有十来个，每次都是孩子在一边玩，大人们在一边聊天。可是，渐渐地，一起玩的孩子越来越少，只剩下五六个，小樱妈妈一问才知道，原来他们都去上辅导班了。

后来小樱妈妈想了想，决定给小樱报个舞蹈班，一则陶冶情操，二则培养一项专长。于是，小樱被迫随大溜，开始了她的辅导班之路。没想到，后来妈妈变本加厉，给她报的课外班越来越多。别看小樱今年才5岁，她要学的东西比小学生还多。这不，妈妈刚刚又给她报了一个钢琴班。可是，小樱去了两次，就怎么也不愿意去了。

妈妈大发雷霆：“你为什么不想学？我花这么多钱，还不都是为了你？”

小樱委屈地说：“我不喜欢钢琴，真的不愿意学……”

还没等小樱说完，妈妈就丢下一句：“不学也得学，这事由不得你！”

其实，“输在起跑线”的说法只适合短跑，比如一百米赛跑。如果把人生比作一场竞赛的话，应该是一场漫长的马拉松，更看重过程中力量的积蓄和最后的冲刺阶段，所以父母根本就不用担心孩子会输在起跑线上。相反，在起跑线用力过猛的话，漫漫赛程中很快就会因体力不支而虚脱，甚至无法坚持到终点。

因此，我们在教育孩子前一定要搞清楚，孩子本身就有自己的成长规律，比如：3 岁是直觉思维期，4 岁才有形象思维，5 岁左右逻辑思维开始萌芽，8~12 岁是记忆力最好的时期。对孩子的培养，一定要遵循这些规律，父母只有做到心中有数，才能事半功倍。

看到其他家长怎样做就效仿，为了“让孩子快点跟上”不惜违背规律的行为，最终只会伤害亲子感情，甚至因为选错道路而一无所获。

方法一：“大器”有时候是晚成的

最近一次和朋友聊天，她告诉我，她在给儿子东东张罗着报围棋班。

“围棋？你儿子不是正学葫芦丝吗？”我奇怪地问。

“嗯，学了两个多月，可我看他现在不像之前那么喜欢学了，所以想给他换个别的试试。”

接着，她跟我说了这样一件事：

刚开始，他还兴致勃勃地跟着老师学，回家之后能有模有样地吹给我听。看着他吹葫芦丝的样子，我特别欣慰、自豪。后来他们学校举办艺术节，我让他报名，到时候用葫芦丝吹一首曲子给老师、同学和参观的家长们看。但是他却跟我说："我怕……我不行……"

"东东乖，不怕，只要你报了名，不论结果怎么样，我都会给你买一套汽车模型，好不好？"

但他明显不吃这一套，他说："我不要汽车模型……妈，我真的怕吹不好……"

"东东，妈妈可不喜欢不勇敢的孩子。"后来我有点生气了。

最终，儿子还是站到了学校的舞台上。也许是因为太紧张，上台之后他手里拿着葫芦丝，低着头，呆呆地站在那儿，动都不动……幸好主持人反应快，不露痕迹地化解了尴尬。

这件事情过后，虽然我们都没有责怪他，但他再也不愿意学习葫芦丝了。我觉得，东东也许是不适合学葫芦丝，于是想给他报个围棋兴趣班试试……

听完朋友的故事，我不由地感慨：她希望儿子有一技之长，让他学习葫芦丝，这无可厚非；希望儿子参加学校艺术节展现自己，这种心情我也能理解。可她却忽视了一点：东东之前没接触过葫芦丝，学习的时间也不长，尤其是在他说出"我不行"时，证明他的心里是没底的，不敢上台表演，怕万一出错，被大家笑话。但朋友为了满足自己的虚荣心，赶鸭子上架，结果呢？其实我倒觉得，不是东东不适合学，而是朋友的做法把孩子逼到了死胡同里。

要知道，熟练掌握一项技能需要长时间的摸索、学习，东东学习葫芦丝，最多也就刚刚入门，这时候让他当着众人的面吹曲子，难道不是在为难他吗？在这里，我想劝告所有的父母：不要羡慕别人的孩子优秀，也绝不能拿自己的孩子跟他们比，因为你一时的急功近利，可能会导致孩子彻底失去学习的信心。

方法二：有话好好说，责怪起不到任何效果

女儿非常喜欢看动画片，几乎每天吃完晚饭后都准时坐在电视机前看央视少儿频道播出的《熊出没》。对此，周女士没有反对，她觉得晚上时间长，不让孩子看动画片，她还能干什么呢？可是，女儿有个坏毛病，就是看动画片时不知不觉就跑到电视机跟前了。周女士觉得这样不好，会伤了孩子的眼睛。所以她总会不停地提醒女儿："离电视机远点看。"女儿虽然当时特别听话，把小椅子往后移，可是不知道什么时候又挪到了离电视机不远处。

一天，周女士心情有点烦躁，收拾完饭桌，从厨房走出来的时候，看到女儿坐在电视机跟前，便怒吼道："我说过多少遍了，让你离电视远点看、远点看，你怎么就是不听话？是不是想小小年纪就戴上眼镜啊……"她一边说一边走过去拿起遥控器把电视机关了。女儿被周女士的样子吓坏了，哇哇大哭起来……

周女士本来以为这次对女儿发火，她会吸取教训，以后有所改变。没想到第二天女儿看电视时又不知不觉坐到了电视机跟前。周女士真的非常无奈。

在这个案例中，周女士犯了一个错误：面对孩子犯错，缺乏引导的耐心，在自己心情不好的时候发脾气责怪女儿。结果，女儿当时因为受到责骂而知错，但不清楚自己到底错在哪儿，所以事后还会再犯。

一般情况下，孩子并不是有意要做错一件事情，如果跟他们讲清楚这么做有可能会带来的危害，那么他们多半也就不会这样做了。所以，在教育孩子方面，很多时候都是欲速则不达。跟孩子进行沟通时，切忌只给他们传达空泛的口号，一定要让他们弄清楚"为什么要这样做"以及"为什么不能这么做"。

以我对孩子的了解，他们都渴望看到父母的笑容、得到他们的表扬，而不愿意看到他们阴沉着脸，被他们训斥和责打。所以，做孩子心中最好的父

母，就要跟他们进行有效沟通，让他们在和谐的气氛中愉快地接受你教给他们的东西。

除了让孩子记住“为什么”，还要帮助他们掌握解决问题的办法，即“怎么做”，这才是教育的最终目的。

帮孩子规划人生，避免他们误入歧途

孩子每天都在不停地变化和成长，可能现在父母觉得了解孩子，但下一秒就会发现孩子的想法难以揣摩，以至于有些家长说："孩子就像一本厚厚的书，难以读懂。"其实，我觉得"孩子"这本书并不厚，而是一本精致的"小书"，只不过内容有些烦琐，且变化万千，需要我们留心把握。

孩子的兴趣是什么？有什么特长和优势？家长若不观察、不了解、不思索，只人云亦云、随波逐流地教育自己的孩子，我觉得对孩子来说是不公平的。仔细想一下，从孩子出生开始，家长每年投入那么大的教育花销，可到最后孩子却学无所成，甚至还不如那些成天疯玩的孩子，你会不会感到愤怒？每个孩子都不一样，兴趣也千差万别，于是，针对孩子的不同个性帮他们进行人生规划就十分有必要了。

当然，在做规划之前我们要先了解孩子，然后从他们喜欢的、擅长的方面着手，明确目标，一步步来。当努力积累到一定程度时，自然会从量变转为质变。当进步显而易见时，孩子高兴，父母也就更省心了。

方法一：父母不要一厢情愿

有一次，我到亲戚家做客，刚进院子就听到屋子里传出小提琴的声音，我知道肯定是侄女在练小提琴。进门后，我饶有兴致地凑到侄女跟前，夸她说："你拉小提琴的水平又提高了，这次我听起来比上次要熟练、顺畅得多。"不曾想，侄女竟然说："其实我根本就不喜欢小提琴，是我妈她自己喜欢，非要让我学。我知道，她就是想让我替她实现登台演奏的梦想。她说她年轻时特别想学，但家里没条件，供不起，现在条件好了，她岁数也大了，错过了学习的最好时候，所以就把全部希望寄托在我身上。"

听了侄女的话，我的心里忽然产生一股莫名的忧伤。我想，现实生活中，像侄女这样替父母实现梦想的孩子为数应该不少。我跟他们的父母年纪相差不多，能体会他们如今的人生遗憾。但是，他们把自己当初的梦想寄托在下一代身上，希望通过子女来实现，这种想法跟做法我是不赞成的。在我看来，父母为了自己，强迫孩子学这学那，根本不考虑可怜的孩子到底喜不喜欢这是一种"绑架式"的教育,。

从心理学方面来讲，想要控制别人，让对方听自己的，是人类的一种天性，但是实际上，让孩子替自己去实现曾经的梦想是一种极端自私的表现。孩子虽说是父母生、父母养，但作为独立的生命个体，父母绝不能将其视为实现梦想的工具，一厢情愿地将自己没能实现的理想或心愿强加到他们的身上，而是要尊重他们、敬畏生命。

别看孩子年龄小，其实他们心里都有自己的"小九九"，他们也有权选择做自己喜欢的，不做自己讨厌的事。由此来看，父母想帮孩子规划他们的人生，要结合他们的年龄、特点、喜好，既不能自己一厢情愿，想什么是什么；也不能做甩手掌柜，以免孩子误入歧途。

方法二：加强与孩子之间的沟通

我曾经在一本书上看到过这样一则故事，大意是：

一位母亲问她5岁的儿子："如果我们出去玩，口渴了，也忘了带水，而在你的小书包里恰好有两个苹果，你会怎么做？"

儿子歪头想了一下说："我会把这两个苹果都咬一口。"

母亲听了很失望，以为儿子这么做是为了霸占苹果。不过，她还是多问了一句："你为什么这么做呢？"

"我尝尝哪个甜，把甜的那个给妈妈吃。"

看到对话的前半段时，可能许多父母也会产生故事中妈妈的那种想法，也没有耐心再继续听孩子的解释，甚至直接就断章取义，训斥孩子："你这么做是不对的。""你要懂得分享。""我不是跟你讲过孔融让梨的故事吗，你怎么不记得了？"……

《三字经》第一句就是："人之初，性本善。"年幼的孩子犹如小天使一般，善良、心思单纯。但有的父母往往忽视孩子这种难能可贵的品质，觉得他们这种表现是傻、是笨，对他们说的、做的都不上心，这种情况下，就需要加强与孩子的交流，否则根本没办法合理、有效地规划他们的人生，把他们培养成才。

我女儿小时候总喜欢讲一些她遇到的好玩的事给我听，开始我还认真听，渐渐地，我觉得她说的都是些鸡毛蒜皮的琐碎事，没什么可跟她讨论的，于是有一段时间，不管她对我讲什么，我都说："哦，好的，我知道了。"

一次，女儿放学回家对我说："妈，今天我们体育课上比赛跑步，我是最后一名。"

当时我正忙着工作，听她这么一说，我以为就是很平常的一次赛跑，她跑了倒数第一而已。于是我安慰她："没事，下次努力就行了。我现在正忙着，你先去写作业吧。"

女儿悻悻地扭身走了。

后来，我通过女儿的作文了解到，那次赛跑，有个同学不小心摔了一跤，女儿为了帮助她停了下来，所以最后一个到达终点。看到这儿，我恍然大悟，难怪最近女儿的话越来越少，不是特别愿意和我交流，原来是被我当时的态度给伤到了。仔细想想，我为自己的行为后悔不已。再设身处地考虑女儿的性情，听了那样的话，换作是自己确实也会很伤心。

反思并认识到自己的问题后，后来不管女儿跟我说什么，我都会停下手里的活儿，耐心听她说，跟她一起分析。慢慢地，女儿又恢复了对我的信任，而且比之前更喜欢跟我倾诉了。如果她某方面做得好，我就赞扬、鼓励她；如果她思想或行为上出现偏差，我就耐心地帮她纠正。如今，女儿性格开朗，积极向上，是大家眼中快乐又懂事的小姑娘。这跟我对她最初的定位是一致的。

后来我总结出：就算父母给孩子的人生进行了简单的预想和规划，但是如果彼此间缺乏互动和沟通，往往很难达成预期效果。打个比方，如果你希望孩子将来成为一个表达能力强的人，那么从现在开始，当他们分享自己的经历给你时，你一定要耐心地、认真地倾听，就算手头确实有要紧的事，也要跟他们沟通好，比如你可以说：“我正忙着，能不能再给我几分钟的时间整理一下，一会儿我再听你讲，好不好？”

“神童”式教育真的好吗

孩子的教育越来越受到家长的重视。有些家长绞尽脑汁、竭尽所能地挖掘孩子的潜力，唯恐把家里的“天才”给埋没了，可最终的结果却并不乐观。

众所周知，王安石笔下的方仲永，近代的宁铂、谢彦波，离我们最近的应该是魏永康和王思涵。不得不说，现实生活中的确存在天才少年，比如说魏永康，他 2 岁时能写 1000 多个汉字，4 岁时基本学完了初中课程，8 岁时连跳几级进入重点中学，13 岁时以总分 602 分考入湘潭大学物理系，17 岁考入中国科学院高能物理系……

我相信，你我身边也不乏天资聪颖的孩子，他们小小年纪会写很多字，也会背很多文章，当他们再表现得聪明一些，家长就会不遗余力地深挖他们的潜力，期待着他们也被大家称为“神童”，自己跟着沾光。可现实中那些所谓的“神童”最后怎么样了呢？方仲永最后“泯然众人矣”；宁铂出家归隐，过着宁静的生活；谢彦波出现心理问题；魏永康和王思涵也以不同形式被退学。

至此，身为父母，我们不得不慎重思考一个问题，那就是：“神童”式教育真的好吗？俗话说，心急吃不了热豆腐，教育孩子同样是这个道理。要遵循孩子的成长规律，一步一个脚印，让孩子打好基础，因为就算世界变化再快，也是万变不离其宗的。

总之，父母要明白一点："神童"未必能一帆风顺，获得人生最后的成功；小时候平庸，长大后也未必比别人差。

原因一：起步太猛，很容易摔跤

一位做亲子教育的朋友对我说，亲子教育主要针对的是 3 岁以前的孩子，如果孩子太小，不会说话，跟他们沟通起来就会显得特别困难。不过，她说她凭借多年的经验总结出一套方法，只要看见孩子做出的动作，她就能大概猜到孩子要干什么；平时也会教他们通过唱歌、做游戏等方式表达自己的感情、跟父母交流。

当然，她刚开始进入亲子早教这个行业时，也有过许多困惑。她告诉我，她代课的班上有一个 2 岁多的孩子，每次上课，他从来都不跟着大家一起蹦跳。跟他的父母联系沟通后，朋友了解了孩子的情况。原来，他一岁半的时候，父母为了锻炼他的胆量，带他去游乐园玩勇敢者攀爬，最后的结果是，孩子失去安全感，摔了下来。从此开始变得不再像其他小朋友那样蹦蹦跳跳了。父母带他到医院做检查，医生却说孩子没有任何问题，可能是因为有恐高心理。他的父母听了，后悔不已。

不得不承认，现在的教育形式跟教育设施都远超以前，而且 80 后、90 后父母的育儿观念也日渐变得严苛起来，有时候宁可自己省吃俭用，也会省下钱来带孩子去上早教课、补习班、兴趣班。只不过，不少父母对孩子的教育仅停留在只要给孩子提问，他们就能回答上来的浅显层面。

真正的教育其实并非如此，让孩子有个高的起点，想法确实没错，但如果只是盲目地让孩子按照父母给他们设定的模式去学习，甚至抱有孩子还没学会走就想他们跑起来的心态，就算他们起点比别人好，隐患也比别人多，以后的人生路上可能会摔更多的跤。

原因二："速成品"的隐患更多

一个阳光明媚的周末，我和女儿从外面晨跑回来，在小区里看到女儿同学的妈妈骑着车，正要送孩子去上课，跟我们匆匆打完招呼之后她们就走了。

我通过女儿对她这个同学多少有些了解。虽然她跟我女儿同班，但年纪比我女儿还小一岁。她的学习成绩非常好。只是，她几乎从来没和我女儿一起玩过，因为她太"忙"了。别看她年纪小，要学的东西非常多，平时放学后补习英语、奥数、作文，周末的时候去练舞蹈、学绘画、弹钢琴……

回到家里，女儿忽然问了我一句："妈妈，你怎么不给我报课后补习班啊？"

"你喜欢那样吗？"

"不喜欢！"女儿想了想说。

"你都不喜欢，那我给你报课后补习班，有用吗？再说，我可不想把你变成一个'速成品'！"

"速成品？"

接着，我给女儿讲了一个小故事：

一个小男孩独自在草地上玩，忽然，他看到一只蛹，觉得特别新鲜，就把它带回了家。过了几天，他看到蛹上出现了一道小小的裂缝，里面还有一个小东西在挣扎。过了一会儿，裂缝大了一些，他才看清，原来里面是一只蝴蝶。他在一边耐心地看着蝴蝶在里面挣扎，过去了好久，蝴蝶都出不来。小男孩急了，于是拿了一把剪刀，轻轻地将蛹壳剪开。但是，这只蝴蝶却身体臃肿，翅膀干瘪，连飞都不会，没过多久就死了。

讲完后，我对女儿说："一只蛹要想变成蝴蝶，必然要经历一个过程，如果心急，像故事里的小男孩那样做，结果只会令人失望。我不给你报课后补习班，也是希望你能够通过自身的努力顺其自然地成长。"

跟女儿同学的妈妈一样，不少父母给孩子报各种各样的辅导班，有的是希望孩子多学点，在同龄人中脱颖而出；有的是因为孩子成绩差，于是让辅导班的老师给他们“开小灶”。无论哪种出发点，最终的结果都是相同的：这种“抢跑”式的教育，剥夺了孩子休息、玩乐的时间。

“抢跑”式的教育，不能单纯说好，也不能单纯说不好。任何一件事情的成功都同时具备天时、地利、人和这三个要素，在“抢跑”的过程中，如果不把握时机、选择科学的机构、跟孩子有效沟通，只是一门心思地想“一口吃成个胖子”，那么就算付出再多、花费再多，也只会徒劳无功。

最好的教育方法一定是科学的、遵循孩子成长规律的，所以，慢慢来，别心急。

学习很重要，劳逸结合更重要

我们不是冰冷的机器，大脑长时间运转后，我们会感到疲劳、烦躁、反应迟钝。我们有这种感觉，孩子也会有。如果你留心观察，上补习班的孩子要么目光呆滞，直愣愣地坐在座位上，要么私底下看课外书，真正用心听讲的寥寥无几。这也是为什么很多父母给孩子报了补习班，孩子成绩提升也不明显的原因。

我听邻居说起我们小区一个上初中的孩子，他的成绩在班里是中上等，但老师认为他很聪明，就是突破不了，于是建议他的父母督促他多做些题、抓一抓，如果想让孩子进重点高中的话，要给他报个班拔高一下。孩子的父母听老师这么说，开始有点苦恼，因为儿子喜欢跆拳道，已经给他报了一个跆拳道班了，再给他报补习班，会不会多了点？但细想想，觉得老师说得也有道理……

相信许多家长都遇到过类似的问题——任课老师建议给孩子报个补习班。这时候，有的家长就会纠结到底要不要给孩子报班。报，势必会增加孩子的课业负担；不报，孩子的成绩就突破不了。

在我看来，即便老师给出了这样的建议，你也要本着对孩子负责的态度，跟孩子协商，再根据他们自身的实际情况做决定。就好比我们白天上一天班，晚上回家再加班熬夜一样，孩子在学校上课已经很疲惫了，放学后又得马不停蹄地去上补习班，时间长了，他们怎么可能不累呢？

有人对记忆进行过研究，总结出一个现象，叫前向抑制中的主动释放。通俗地讲，就是在做同样性质的事情时，不同项目间的记忆会互相干扰。比如，记各种花的名称，分几次记，每次记 10 种，最后问受试者哪种花是在第几次出现时，通常情况下，受试者是记不清的。如果每次记忆的东西不同，最后问受试者同样的问题，他们进行一番联想后很快就会回答出来。

由此我们不难发现，为什么学校排课时，基本上都是各科轮番上，即便同一科，也尽量上下午分开上，只有在特殊情况下，一科最多连着上两节。每节课的课时是 40 分钟，两节课之间给孩子余出 10 分钟的休息时间。这么做，就是担心孩子长时间上同一科容易感到精神疲惫、影响记忆效果。尤其是上了初中以后，学习科目一下增多，学习压力也随之加大……

对孩子来说，学习固然重要，但跟学习比起来，身体的健康最重要。为了成绩牺牲健康，得不偿失。所以，引导孩子该学习的时候认真学习，该玩的时候痛痛快快地玩，注意劳逸结合。

方法一：该学习时认真学，该玩时痛快玩

国家规定，在校的孩子除了国家法定节假日之外，还有额外的暑假和寒假，为什么呢？我想其中一个目的就是让孩子在经过紧张的四五个月的学习之后，给他们一段充足的休息时间。通过这段时间的休息、缓冲，让孩子在下个学期的学习中能够精力充沛，如此说来，父母为何要将各类辅导班塞满他们的假期呢？既然假期是让孩子休息的，为什么不能让他们在完成寒暑假作业之余，痛痛快快地玩呢？

我记得去年暑假后开学的第一个星期天，女儿带自己的同学来家里玩，当那个同学听女儿说暑假去哪儿玩了之后，她满眼的羡慕。她说她也要求父母带她出去玩来着，只不过被父母严词拒绝了：“暑假作业你都还没写完呢，就想

着玩。你总这么贪玩，不好好学习，以后能有什么出息。”被父母批评一顿之后，她心里十分难受，转身回房间去写作业，结果越想越气，一时没控制住，把暑假作业给撕了。结果，父母火冒三丈，对她又是一顿数落……听了这些，我心里暗暗吃惊，也替她感到惋惜。

孩子不是机器，不能一天到晚不停地学习，他们也渴望休息，渴望出去玩。想想我们自己小时候，学习累了、乏了，不是也会溜出家门，找小伙伴玩吗？既然我们都如此，为何现在要为难我们的孩子？况且，对于成长中的孩子来说，如果生活中只有学习，那么快乐的童年又从何谈起呢？

所以，我建议父母帮助孩子合理安排学习时间，该学习时就学习，该休息时就休息，做到劳逸结合。

方法二：不打疲劳战

我外甥女上四年级时学习特别勤奋，夏天的时候，为了下午上课不犯困，她专门买了一瓶清凉油，可她的成绩依然不理想。期末考试，她的成绩在全班排四十多名，不仅没有进步，还后退了十几名。她给我打电话，哭着说：“小姨，我已经很努力学习了，可成绩还是上不去，我是不是太笨了，不是读书的料啊？”

我劝她不要哭，考试失利是常事，然后问她平时都是怎么学的。

她说：“其实，每次看别的同学考那么好，得奖状，我都特别羡慕，也想通过自己的努力考进前十名里，也能得个奖状。所以，每天除了上课，我回家吃完饭就抓紧时间背课文、做题，有时候当时会背、会做了，可很快就忘了。”

“努力学习没错，不过你的方法不对。你要相信，那些考得好的同学并不比你聪明多少，只是他们学习方法好、效率高。”

“可是，小姨，他们学的时候我在学，他们玩的时候我也在学，为什么我还是记不住、考不好呢？”

“傻丫头，不是你抱着书本不放就能学好的。每天你在学校学习的时间已经够长了，回家还背书、做题，不休息，大脑很容易疲劳，然后它就会跟你对抗，让你的记忆力下降。所以我建议你，课间、放学后，想玩的时候就玩，背书、做题的时候就集中精力，再加上一些联想记忆，我相信你下次考试会考好的。”

这次谈话之后，我也跟大姐沟通了一下，让她帮外甥女做一个科学、合理的学习计划。后来大姐告诉我，外甥女不再像之前那样打疲劳战了，她的成绩也渐渐提了上来。

学习不是一朝一夕的事，在孩子不明所以，想靠打疲劳战提高成绩时，父母一定要及时制止，让他们适当休息，或带他们出去玩。总之，孩子在学习上要张弛有度，耗时耗神反而得不偿失。

Chapter 2

“慢养”出来的孩子更优秀

多花些心思，用爱浇灌

在教育孩子这件事上，我比较赞成我国著名成功学大师黑幼龙先生的观点，他说：“养孩子就像种花，要耐心等待花开。”我曾专门把他的书买来，仔细研读后发现，他在教育次子黑立国时就运用了“慢养”的模式，从中可以看出他在教育孩子时花费了很多心思。

在《慢养》一书中，黑幼龙表示，次子黑立国小时候贪玩、有着极强的叛逆心，不仅经常闯祸，学习也不好，甚至还考过0分。虽然替儿子感到忧心，但没有办法，他认为除非孩子自己愿意并主动学习，否则，对他们的任何逼迫都是徒劳无功的。

高二那年，黑立国对学校的摔跤队产生兴趣，黑幼龙认为他的体能不错，既然他喜欢，也就没有阻拦。后来，跟黑立国一起训练的队友明显都不如他进步快，所以教练总在大家面前夸他，队友们对他也非常尊重。这让黑立国突然意识到，原来成绩好可以赢得别人的尊重，于是他暗下决心努力学习文化课，成绩很快有所提升，也顺利地考上了大学。大学毕业后，因为成绩突出，30岁的黑立国被提升为华盛顿大学医院的副院长……

对此，黑幼龙感慨地说：“父母很容易认为孩子学习成绩差就没希望了，其实如果做到慢养，这样的孩子将来可能更优秀。”

当然，黑幼龙所说的“慢养”，并不是时间上的慢，而是说教育孩子不要太担忧、太着急，毕竟成长是一个漫长的过程，身为父母，我们不能“求一时的速度与效率”，“以当下的表现评断孩子”，而应该“尊重每个孩子的差异”，耐心地引导和教育，做到“慢养”，用爱浇灌，让孩子发现最好的自己。

方法一：孩子提问，不要嫌烦，要多点耐心

生活中，很多孩子在做一件事时总表现出一副心不在焉、不耐烦的样子，为什么会这样呢？我认为，一个重要的原因在于，父母言传身教时本身就缺少耐心。既然父母都没有耐心，又怎么能要求孩子用心对待呢？而且长此以往，孩子如何能进步？

我记得一个下雪的早上，女儿兴奋地跑到阳台上看雪。她打开窗户，雪花随风飘了进来，她伸手接住几片，觉得特别有意思，就跑回来问我：“妈妈，冬天为什么会下雪呀？”

我当时正在查资料，有些忙不开，头也没抬，就告诉她说：“水汽遇冷，凝结之后就是雪花了。”

也许我解释得不太清楚，女儿又问：“那为什么咱们家冰箱冰格里的水最后都结成冰了呢？”

我被女儿问住了，停下手里的活儿，又仔细想了想，说：“因为雪花是气态遇冷形成的，而冰格里的水是液态的，所以最后就被冻成冰了。”

女儿似乎对我的这种说法依然不满意，又问：“那把冒着热气的热水放进冰箱，是不是也能形成雪？”

“不会。”

“为什么呢？”

“嗯……”我不知道该怎么回答女儿，心里又为手头工作的事着急。内心一番纠结之后，我最终选择先帮女儿解惑，告诉她："我们一块儿查查吧。"

我从网上搜索"雪的形成"，看了相关文字和视频后，我问女儿是不是明白了，她点点头。后来，我又查霜、雨、雾、液化、升华等自然现象，我一边查一边给女儿解释，女儿听得津津有味。最后，她搂着我的脖子说："妈妈，我都知道了，谢谢你。"

孩子阅历有限，对各方面的认知能力尚未发育完全，所以经常会问"为什么"，或者一些在我们看来很幼稚的问题。而且，只要我们的回答不能令他们满意，他们就会一直问下去。这个时候，如果我们觉得他们无理取闹，甚至因为不耐烦而敷衍他们，那么无形之中就会造成彼此对立。

所以，遇到孩子问"为什么"时，我们要多一些耐心，如果实在回答不上来，就借助工具书或者网络，跟他们一起查、一起学习。当我们放下父母的身份和架子，多些耐心跟孩子一起学习和探索时，不仅能调动他们学习的积极性，还能得到孩子对我们的尊重。

方法二：多引导、多鼓励

孩子的成长是一个缓慢的过程，在这段时间里，父母要做的是多引导、多鼓励，陪他们慢慢长大、慢慢进步。

一个叫堂堂的男孩，长得非常可爱，也很聪明，美中不足的是他有点口吃。尽管他的父母教过他一些字，他也能顺利地写出来，但读起来却要花费比其他正常孩子更多的时间。

堂堂的父母心里很着急，可是也没有什么更好的办法，只能每天腾出时间，不断引导和鼓励他练习……一年级结束后，堂堂的班主任告诉他的父母，孩子的卷面分很高，只不过因为口吃，所以他上课很少举手发言，希望家长能配合老师，平时多花点心思帮帮孩子。

堂堂的妈妈通过朋友找到我，对我说，其实他们夫妻俩并不看重堂堂的学习成绩，就是担心孩子会因为自己的这点缺陷，自信心受到打击。我先安慰她一番，然后帮她分析孩子现阶段的心理特点，并告诉她，教导孩子一定要有耐心，尤其是帮助堂堂纠正口吃的过程中，更不能表现得不耐烦，否则就会适得其反。

大概过了半年，堂堂的妈妈给我打电话：为了能及早把儿子的口吃纠正过来，她从公司离职了，每天花更多的时间和心思陪儿子练习。在朗读或者对话的过程中，即便儿子有意扳着，但还是磕磕巴巴的，而她丝毫没有表现出愤怒，依然耐心地鼓励儿子，告诉他不要着急，先组织好语言，然后慢慢说出来。终于，功夫不负有心人，在平常的交流过程中。只要堂堂不着急，就能又快又清楚地表达，而且父母感到欣慰的是，二年级期中考试，堂堂的班主任反馈说，堂堂上半学期的表现非常好，上课敢于积极举手发言了。

任何家长都不希望自己的孩子有什么缺陷，但有时候不得不面对现实。就像案例中的堂堂，虽然患有口吃，但他的父母并未因此愁眉不展、怨声载道，而是积极想办法，用足够的耐心和关爱陪伴、帮助孩子。堂堂父母的做法，值得我们深思。

教育是一种“慢”艺术

没有哪个孩子一出生就是十全十美的，其成长过程中也总会遇到这样或那样的问题，在教育孩子的过程中，父母要懂得有的放矢、循序渐进，放慢自己的脚步，及时了解孩子每个阶段的状态和心理特征，然后有针对性地予以引导，让孩子一点一滴地进步。

小学四年级时，有一次小雅的英语单元测试只得了 65 分，老师要求家长在试卷上签字。小雅放学回到家，支支吾吾地对妈妈说：“妈，这是我们的英语测试卷，老师让你在上面签字。”

看到女儿的样子，妈妈预料到这次她考得不理想。果不其然，妈妈从女儿手里接过试卷一看：65 分。于是她很平静地说了一句：“刚刚及格。”其实她知道，女儿在学习方面是很努力的，这次没考好，除了英语测试卷的题有一定的难度外，还跟女儿平时练习少有关。

“嗯。”小雅小声地回答，“我同桌还不如我考的分高呢。”

妈妈知道女儿是在用她的同桌来替自己辩解：“宝贝，65 分确实不高。我看你英语测试卷上，大多是因为单词拼写出错，所以，如果以后你每天能多记 5 个单词，那么每周测试就有可能多考 2 分，那么期末考试的时候，你就能进步很多了。”

小雅看着妈妈，算了一下，然后笑着说：“每天多记 5 个单词一点都不难，这样的话，到期末考试，我能多考二三十分！”

“对啊，所以你一定要加油！”妈妈摸摸她的头，鼓励她。

当天晚上开始，小雅每天睡觉前让妈妈帮她听写 5 个英语单词，第二天早起再复习巩固一遍。就这样，期末考试时小雅英语考了 91 分，在全班排名第 10。

教育可谓是一种“慢”艺术，作家龙应台在她的《孩子你慢慢来》一书中，也是提倡“慢养”。至今我记得书中有这样一句话：“我愿意等上一辈子的时间，让这个孩子从从容容地把那个蝴蝶结扎好，用他五岁的手指。”细细品味，不难发现，对孩子的教育是一场持久战，而且贯穿于生活的方方面面，只有极富耐心，用爱浇灌，孩子才能快乐、茁壮地成长，而那些急性子的父母却很难领会其中的奥妙。

方法一：给孩子预留改的时间

孩子平时容易养成不良习惯，如果父母想予以纠正，千万不要妄想只跟孩子说一次他们就会改正；也不要以为冲他们大吼大叫、打骂他们，他们就会长记性。要明白：一味地埋怨、责骂并不能起到立竿见影的效果，反倒会换来孩子的反抗，或是让他们产生“我不行”的自卑心理；相反，如果多花些心思耐心地引导，不断地安慰和鼓励，他们终会认识到自己的错误，然后有所改变。

自从当上母亲后，丽莎无数次告诉自己：真正对女儿好，就不能溺爱、不能骄纵。所以，当女儿每次说她想要某样东西时，丽莎就会先考虑一下，她要的这件东西是不是一定得买，或者家里是不是已经有类似的东西可以替代。然后，丽莎就会告诉女儿，这件东西会不会给她买，如果不能买，也会把理由说一下。

后来，丽莎重新回到职场，女儿由婆婆帮忙带。大概过了半年，有一次丽莎带女儿去商场，女儿在玩具店看到一个会眨眼、唱歌、讲故事的多功能芭比娃娃，她央求妈妈买下来，但是丽莎想到家里有两个芭比娃娃，还有故事机，所以拒绝了女儿。没想到女儿赖在原地不走，还掉下了眼泪。丽莎不为所动，一边安慰她，一边跟她说不买的理由。大概僵持了半个小时，女儿最终妥协了。

回到家，丽莎跟婆婆谈到这个问题，婆婆说类似这样的事情发生过好几次，但因为不忍心看到孩子哭，最后还是满足了她的要求。丽莎告诉婆婆，一定要改掉孩子的这个坏习惯，否则等她再长大一些，得不到自己想要的东西时，可能就会偷钱去买，误入歧途。

从此以后，无论是谁，每次带孩子出门前，都会提醒她，不能看到什么就要什么，而且哭也解决不了问题，如果不听话，下次她再有任何要求都不会答应她。渐渐地，女儿意识到哭并不能让奶奶、爸爸、妈妈屈服后，每次出门看到喜欢的东西，就会用商量的口吻说：“我能要这个吗？”如果不能买，说明了理由，女儿也能接受，不再像之前那样哭闹了。

改掉坏习惯并不像更正一道数学题那么容易、快捷，需要经历一个漫长的过程，父母急功近利，希望孩子短时间内变得完美，这是根本不可能的。毕竟坏习惯是日积月累养成的。所以想让孩子彻底改掉坏习惯，就要寻找科学、合理且最适合孩子的方法，同时做好心理准备，给他们预留一段时间去改正。当某一天孩子发现自己的不良行为给他们带来困扰时，他们就会下决心改，并且很快就能改正。

方法二：注重培养好习惯

小寒上小学时，虽然成绩很好，但她有个不好的习惯，写作业时，不知不觉就趴在桌子上写，最后作业本上的字都歪歪扭扭的。有一次，班主任老师给小寒妈打电话反馈小寒在学校的表现，说到这件事时，老师表示，如果小寒能把坐姿纠正过来，不仅卷面整洁，还能保护视力。小寒妈听了，答应班主任老师，一定想办法纠正小寒的坐姿。

从那天开始，小寒妈跟女儿说明坐姿的重要性并征得她的同意后，每天晚上陪她写作业，监督她的坐姿。一旦发现女儿身体前倾、头越来越低，她就及时提醒。这样过了一个月，小寒的坐姿有所改善，写作业时趴桌子的次数也明显减少。

一天吃完晚饭，小寒妈发现家里的米不多了，于是对女儿说，她要去楼下的超市买点米回来，让女儿自己先写作业，并提醒她注意坐姿。结果回家后，小寒妈一进门，发现女儿猛地一起身，她知道，女儿刚才肯定又趴在桌子上写作业了。她放下手里的东西，走过去，在女儿身边坐下。女儿不好意思地朝妈妈笑了笑，说：“之前你坐在我旁边监督我，我也时刻想着不能趴着写，这次你不看着我，我写着写着就又趴下了……”没想到妈妈心平气和地摸着女儿的头说：“傻孩子，我没想责怪你，我知道你已经很努力在改了。”说完，她看看女儿，又看看躺在面前的课本，若有所思。

第二天，女儿放学回到家，妈妈说给她买了一件礼物，放在她的书桌上了。女儿打开盒子一看，是个漂亮的小架子。妈妈告诉她，这个叫阅读架，把课本架在上边，这样写作业的时候就不用总趴在桌子上了。妈妈一边说一边演示，同时告诉女儿，以阅读架上边缘为参照线，头至少要跟它保持齐平。

就这样，小寒在妈妈的帮助下，坚持了差不多一个学期的时间，彻底改掉了写作业趴桌子的坏习惯。如今，即使妈妈不在身边提醒，她写作业时也能保持正确的坐姿了。

很多父母都希望自己的孩子具备好习惯，因为好习惯更有益于孩子的发展。但是，正所谓“冰冻三尺非一日之寒”，无论培养好习惯还是纠正坏习惯，都不是一朝一夕的事。比如，有的孩子饭前不洗手，不管父母如何三令五申，他们依然我行我素。这时候，父母一定不能操之过急，要有足够的耐心，找到最佳的解决办法或者以身作则给孩子做好榜样，坚持一段时间后，孩子就会在耳濡目染中养成饭前主动洗手的好习惯。

一步一个脚印，孩子更优秀

家庭教育是父母跟子女之间心与心的碰撞，只有达到一定的默契程度，才能产生良好的效果。换句话说，父母需要慢下来，回归到心灵深处去探索最符合自己孩子的教育方式，这样才有希望培养出优秀的孩子。

一天吃晚饭时，女儿对我说：“我们同学都特别羡慕我，说我有一个好妈妈，周末的时候从来都不逼着我学不喜欢的东西。她们现在最害怕过周末，一到周末，她们就会被‘押’着去上各种补习班……”我听后淡淡地一笑，没有说话。

其实，并不是我对女儿放任自流，而是接触过许多的案例后，我懂得“慢养”孩子的道理。有时候，慢慢来可以让学习变得更加有趣，让成长变得更加快乐。

我国著名作家冰心小的时候，父亲特别疼爱她，既不强迫她学什么东西，也不刻意教她长大要成为什么样的人。相反，父亲谢葆璋的教育更加生活化，让冰心从生活中的点滴领悟自己应该怎么做。比如，父亲带她到建在半山腰的屋子走廊上眺望辽阔而深邃的大海，冰心的内心被深深触动，她后来说：“我和父亲一起看大海，我看父亲也看大海。我觉得，父亲的胸襟就像大海一样宽阔、坦荡，做人就应该那样。”就这样，宽容、坦荡的做人理念定格在冰心的心里。

可见，与单纯说教死板的教育方式相比，生活化、自然化的教育方式更容易被孩子接受。比如，带孩子去看海，让他们知道“海纳百川”，明白做人要懂得宽容；带孩子去爬山，让他们体会山的巍峨挺拔，明白做人要懂得坚持、有毅力；给孩子分配家务，让他们意识到责任感，明白做任何事都要有始有终……总之，这种生活化的慢养，目的并不是想让孩子立刻学到多少东西，而是通过不断地体验，使他们的心灵有所触动，让他们自己去感悟生命、体味人生。

在教育过程中，父母只有放慢脚步，才能走进孩子的内心、听到孩子最真实的想法。同样，只有慢下来，孩子才能对身边的一切产生新的感悟。

方法一：从尊重孩子做起

同事晓丽通过相亲认识了一个男生，男方的前妻已经去世两年，他自己一个人带着5岁的儿子淘淘生活。相处一段时间后，晓丽觉得男方各方面都不错，决定跟他结婚。

当晓丽给我们发喜糖的时候，我们都替她捏了一把汗，觉得她太年轻了，担心她这个后妈的角色会当得很辛苦。不料，晓丽胸有成竹地说：“孩子还小，虽然淘气，但我想我有办法改善我们之间的关系。”后来事实也证明，晓丽跟孩子相处得跟亲生母子似的。

结婚当天晚上，丈夫把儿子叫到身边，对他说：“淘淘，从今以后她就是妈妈了，要听妈妈的话，不能再淘气了，知道吗？”然后转过身对晓丽说，“这个小区里有几个孩子出了名的淘气，淘淘就是其中一个。以后要是别人找上门，你该说就说，该打就打。”

晓丽没有理会丈夫的话，而是蹲下身，将手放在淘淘的肩上，用亲切、和蔼的口气说：“虽然孩子有点淘气，但哪个男孩不淘气呢？只要不欺负人、不做坏事就行了。我倒是觉得淘淘特别聪明。上次我给他买的汽车模型，我自己都觉得很复杂，可淘淘很快就组装好了。对吧，淘淘？”

淘淘听了，点点头，冲着爸爸说：“妈妈说得对。”

听淘淘这么一说，晓丽跟丈夫看看孩子，又看看对方，欣慰地笑了。

在之后的日子里，晓丽没有因为孩子淘气、不听话而打骂、训斥他，而是关注育儿方面的知识，用足够的耐心和极大的包容心慢慢地引导淘淘，让他知道什么是对的，这么做会有什么好处；什么是错的，这么做可能会引发什么样的问题或者后果。最重要的是，有些事情，晓丽让淘淘自己做决定，比如要不要上补习班，跟什么样的孩子交往等。渐渐地，淘淘发自内心地喜欢上了这个新妈妈，而且晓丽说的话他基本上都会听。以至于小区里一些上了年纪的人私下说起来，都夸晓丽聪明、能干，说淘淘的爸爸能娶到这样的媳妇，是他和儿子的福气。

虽然晓丽对淘淘的教育是个例，但也足以证明“慢工出细活”的道理。在教育孩子的时候，父母不妨放慢节奏，用足够的耐心去理解和尊重孩子，给他们足够的空间和时间，让他们自由自在地慢慢长大。

值得注意的是，这里提倡的“慢”教育，并不是说让父母撒手不管或者偷懒，而是提醒父母要把精力放在重要的方面。比如父母希望提升孩子的专注力，那么在一段时期内，就针对这方面的问题采取措施，当孩子真正做到上课、写作业等能够注意力集中的时候，再着手培养孩子别的方面的能力。只有慢慢来，一步一步让孩子打好基础，他们才能具备足够应对生活的能力，在遇到困难和挫折时顺利解决。

方法二：合理引导，不强求

《揠苗助长》的故事想必大家都不陌生，但凡理智的人都不会赞成故事中那个人犯的愚蠢的错误。可在教育孩子期间，父母总在不知不觉中犯这样的错误，而且还不自知。孩子感兴趣的，就过度施压，希望他们快速提高；孩子不感兴趣的，硬要他们接受，还美其名曰为他们好。实际上，留给孩子足够的自由空间，让他们广泛接触后确定自己的喜好，父母再据此培养，孩子才有望长成一棵参天大树。

朋友的女儿刚上初一，各科成绩都还不错。但是初一下学期期末的家长会后，老师单独找到朋友，告诉他："孩子一上化学课就趴在桌子上睡觉，说了几次她都不听，成绩也不断下降。"

回到家，朋友询问女儿喜不喜欢化学。女儿回答："化学老师每天都让我们背一堆枯燥的公式和化学元素，学会了又有什么用呢？简直无聊死了。"

朋友听了女儿的话，才知道原来女儿认为化学"无用"，所以才对它失去兴趣。既然如此，自己为何不想点办法让女儿对化学重新产生兴趣呢？

过了两天，朋友拿着一瓶可乐对女儿说："闺女，帮爸爸一个忙呗？把这瓶可乐拧开。"

女儿照做了。可当她把瓶盖拧开的一瞬间，瓶里的可乐一下子喷涌而出，像一束喷泉。女儿惊奇地问："吓死我了。爸爸，这是怎么回事？"

朋友告诉女儿，他把一颗曼妥思糖用线穿起来，再用瓶盖把线固定住，当瓶盖被拧开时，曼妥思糖掉下去，与可乐发生化学反应，就出现了刚才神奇的一幕……

女儿不信，于是朋友又拿来一瓶可乐，把操作步骤告诉女儿，她亲自试验了一次，果然出现了跟之前一样的结果。在朋友的提示下，女儿从书包里翻出化学课本，找到相关章节，结合刚才的情况认真阅读课本内容，并且从此改变了对化学的看法……初二上学期结束时，女儿的化学成绩不仅在班里排名靠前，在年级里也遥遥领先。

著名的科学家爱因斯坦说："兴趣是最好的老师。"只有对一件事情产生了深厚的兴趣，我们才会自觉地、主动地去接触它、探索它、理解它，而且在整个过程中，我们都会心情愉悦，不会感到任何的不快。孩子的学习也是如此。随着他们学习的科目越来越多，无论学哪门学科，一旦失去兴趣，就不可能学好。很多事实也证明，孩子不感兴趣的东西，不仅学习动机不强，学起来也是浅尝辄止、三分钟热度，还为此耽误了宝贵的时间。所以，当父母发现孩子对学习失去兴趣时，要做的不是训斥、强求，而是想办法合理引导，让他们重新爱上学习。

让他做个幸福的“笨”孩子

有些孩子成绩不好，或者做的事情没有达到父母的要求，于是父母就会说出类似“怎么这么笨”“真笨”之类的话。其实，“笨”点有什么不好呢？我曾在报纸上读过这样一个故事：

塞达斯的父亲是哈佛大学心理学荣誉教授，在塞达斯出生之前，他已经做好了准备，要对孩子进行一系列教育试验。塞达斯出生后不久，父亲就在他的小床周围挂满了英文字母，每天只要有时间就念给他听。过了大概半年，耳濡目染的塞达斯已经能够读出这 26 个英文字母了。接着，父亲拿走了这些英文字母，换上了各种各样的教科书，让塞达斯自己翻看。结果，赛达斯 2 岁时就能看懂中学课本；4 岁时发表了 3 篇简短的文章；12 岁时被哈佛大学破格录用……在这种重压之下，14 岁的时候，塞达斯终于精神崩溃，被送进了精神病医院进行治疗。

治愈后，塞达斯重新回到学校，虽然取得了优异的成绩，但这时候的他已经对父亲的“教育试验”异常反感。为了过上正常人的生活，他离家出走，隐姓埋名，在一家商店当起了售货员。

塞达斯父亲的教育试验最后以失败告终——他对儿子的高期望、严要求，以及过早的知识灌输给塞达斯造成了巨大的身心压力，长期重压终致塞达斯精神崩溃。

现实生活中，一些父母盲目地追求知识的学习和智力的开发，而这有违孩子身心发展的规律。要知道，过早地对孩子进行知识灌输，过于强调技能训练，而忽视了孩子的心理素质培养，其结果很可能会毁掉孩子的一生。

就好像一棵幼苗，只有不断地吸取养分才能茁壮成长，一旦硬生生地将其“揠苗助长”，结果不难想象。所以说，为了让孩子“更优秀”，而把孩子一点点逼进死胡同，这种做法是非常不可取的。聪明的家长在教养孩子时，应该遵循以下几点方法：

方法一：不要为孩子“预约”成功

在这个“快”节奏的社会中，很多父母都渴望自己的孩子极富才华，以至于有些父母急不可耐地为咿呀学语的孩子设计理想发展蓝图，制定成长的目标，企图为孩子“预约”成功。

为了让孩子实现自己的期望，父母强行“征用”孩子本该快乐的童年，强迫他们参加各种并不感兴趣的兴趣班，期待孩子将来在自己认定的“光明前途”中有所成就。但我要说的是，孩子的成功不能预约，成长同样不能预约。

有个8岁的小女孩，一边弹钢琴，一边流眼泪。有人问她为什么哭，她的回答让人震惊：“我恨死这架钢琴了，恨不得砸烂它。但我妈妈喜欢钢琴，一定要让我学，要我长大后做个钢琴家。她喜欢钢琴，为什么自己不去学，非得逼我学？要当钢琴家，为什么自己不去做？”不知道小女孩的妈妈听到女儿这番含泪的控诉会怎么想？

生活中，像这名女孩的父母一样，赶着孩子朝那条所谓的“成功之路”奔跑的不在少数。他们剥夺了本该属于孩子的快乐童年，急于让孩子到达自己设定的终点，而忽视了孩子沿途看风景的过程和心情。

有的家长让孩子去参加物理竞赛，为未来成为物理学家做准备，却不清楚孩子喜欢田径运动；有的家长让孩子学习会计，梦想孩子长大以后成为会计师，却不知道孩子酷爱艺术……在没有了解孩子的爱好、兴趣及需要前，家长就急急忙忙地为他们的未来和人生做出选择，着实不妥。

孩子生活的时代不同于父母小时候，父母今天走的路，不一定是孩子明天要走的路。孩子要走入的社会属于未来，谁能预知未来会变成什么样子？今天的社会是多元的、开放的，与其帮孩子做决定，不如跟孩子一起选择，耐心地将各种因素分析给他们听，让他们自己做决定。父母只需给孩子提建议，而无须包办他们的未来。

方法二：顺应孩子天性

“池塘边的榕树上，知了在声声叫着夏天；操场边的秋千上，只有蝴蝶停在上面……等待着下课，等待着放学，等待游戏的童年……”这是很多人都喜欢的《童年》中的歌词。这首歌唱出了人们对少年时代的回忆和期盼。印象中的童年，就应当是这样无忧无虑、天真快乐的，但是随着社会的发展，就业、生存压力的不断增大，许多家长早早地就开始为孩子的未来担忧。

有些家长认为，如果孩子的童年是快乐的，成年就会是辛苦的，晚年就会是悲惨的。秉承着这样的理念，很多父母将自己的担心变成了实际行动，即使这些行为转到孩子身上成了一种负担。结果就出现了一种奇怪的现象：父母一面心疼孩子，一面又逼着孩子做各种事情。

前段时间，我在微博上收到了一名父亲诉苦的私信：

我对儿子管教得很严苛，儿子不到3岁时，就会背诵近百首的唐诗；4岁时，就对大街上的汽车品牌如数家珍。不得不承认，小时候的儿子确实是个人见人爱的孩子。可是小学三年级时，儿子忽然得了抽动秽语症，不仅身体会时不时地抽动，还对学习彻底失去了兴趣。

现在，儿子已经退学，正在接受心理辅导及药物治疗。我从来没有放弃过他，可是，昨天他居然对我说：“我要杀了你。”

可怜天下父母心。可是，我们在肯定这位父亲为孩子付出的同时，也应该明白：孩子之所以会出现抽动秽语症和厌学情绪，就在于他对孩子的不当早教。

在望子成龙的心理作用下，这位家长不愿让自己的孩子输在起跑线上，于是给孩子进行填鸭式的教育。无谓的重复记忆，只会让孩子产生厌学情绪。

父母对孩子的疼爱和培养本来就是人之常情，可是一旦超过了正常尺度，就很容易对孩子造成压力。成功的教育都是顺应孩子天性的，一意孤行地进行不正常的教育，自然违背了教育的本意，孩子也很可能被此毁掉。

Chapter 3

真正做到尊重孩子，才能教子成功

每个孩子都有优缺点，不要揪着缺点不放

“世有伯乐，然后有千里马；千里马常有，而伯乐不常有。”很多孩子都有成为千里马的潜质，关键要看为人父母者能不能做个合格的伯乐。在教育孩子时，只有发现他们的优点，才能让他们在自己最擅长的领域不断发展，成为闪耀的金子。

学生李欣曾经问我：“老师，看小说着迷对人生有用吗？”顿了顿，她用期待的语气告诉我：“我特别喜欢看刘若英写的书。”

我是通过《粉红女郎》这部电视剧知道刘若英的。这部电视剧曾红极一时，相信看过的人都会对剧中结婚狂方小萍的扮演者刘若英印象深刻。

“我也很喜欢刘若英。”

听我这么一说，李欣变得有些激动。“我觉得写东西特别有意思，我想将来当个作家！可是……”李欣话锋突然一转，“我妈说当作家吃不饱饭，高二文理分科时坚决不让我去学文科。我不想将来没饭吃，所以只能妥协了。”

之后在李欣的叙述中，我发现她很喜欢小说，经常在网站上看网络小说，她的理想是在这样的网站里当个小编辑。李欣语调轻快地向我介绍她喜欢的几本小说，并向我剖析了每本小说的优缺点。

短短半个小时后，李欣在“自我盘点”式的叙述中，进行了自我勘探和挖

掘，很好地跟现实社会职业体系进行了有效接轨。

其实，从李欣一开始的“一无是处”，到最后的“闪闪发光”，就是她自我发现的希望之光，更是她身上被勘探到的“金矿”在发光。

每个孩子都有自己的优点，当然也会有缺点。只将眼睛盯在孩子的缺点上面，孩子当然就是不听话、不讲道理、学习成绩不好的……而将注意力集中在孩子的优点上面，孩子也许就会变成有礼貌、和善、优秀的……既然如此，为何还要只关注孩子的缺点呢？

方法一：收集孩子的优点

有些家长在交谈时，本来想发现孩子的优点，却说出了孩子一大堆的缺点，这种做法只会让孩子变得更加自卑。家长应耐心地观察孩子的每一个举动，在孩子成长的过程中赏识他们。因为，正确的赏识能够发现孩子的优点和长处，激发孩子的内在动力。

有一次，晓慧来我家里玩。她看见我与女儿随意而平等的互动方式，非常羡慕地说：“阿姨，您真好，我真希望有您这样的妈妈。”

我摸摸她的头说：“你也很乖啊。”

晓慧疑惑了：“阿姨，您真这样觉得吗？在家里，我妈从来都没有表扬过我。有时家里来客人，客人看着我，都会赞美几句‘你女儿真文静、真听话’。可是，我妈总会立刻反驳‘文静什么，可淘气了……听话什么呀，有时可气人了’。每次听到妈妈这样说，我都会特别失落……”

从晓慧的口中，我感觉到她妈妈可能从来就没有赞美过她，导致她认为自己不是妈妈心中的好孩子。所以，她不爱学习，成绩也不好。

不久后的一天，我遇到了晓慧妈，她向我抱怨：“我女儿一点都不爱学习，成绩下滑得很快。”

我给她分析了原因后她才知道：孩子之所以不喜欢学习，是因为她觉得在妈妈眼中自己就是个坏孩子。

在我的建议下，晓慧妈反省了自己曾经的行为：为什么要如此吝啬对女儿的赞美？为什么不在大家面前多夸奖一下女儿呢？从那以后，她改变了自己的教育方式，晓慧也变得开朗起来。

孩子的自卑心理不是天生的，它与家长的教育有很大的关系。不断地打击孩子，总是说孩子的缺点，久而久之，孩子就会真的以为自己什么都不行，觉得自己是个一无是处的人。而赞美会对孩子的学习、生活等各方面产生很大的激励作用。

每个孩子都不是十全十美的，父母可以通过恰当的表扬和肯定，激励孩子获得更好的成绩。每个孩子都有优点，父母需要具备卓越的观察力和敏感度，寻找孩子的优点、发现孩子的优点、夸奖孩子的优点，给孩子以信心和力量。

方法二：客观地评价孩子

父母在培养孩子时，一定要对孩子进行客观评价，千万不要把价值连城的金矿当成一无是处的垃圾。孩子的优势发挥不了，是教育的失误；发现不了孩子的优势，则是教育的失败。

一位母亲这样评价自己的女儿：

智力中等、粗心，是个普普通通的小女孩。我决定让她扬长补短，做自己擅长的事情，从而以点带面、树立信心、全面发展。

女儿很喜欢游泳。在她的指导下，不到 3 岁时，女儿就已经学会四种泳姿了。

女儿 7 岁时，进入游泳长训班接受正规训练。同年 10 月测试成绩，在同年龄段女生中，女儿的成绩排名第一……

真正合格的父母应该是孩子的第一位伯乐，能在早期发现孩子的特长。每个孩子都有一个或几个完全属于自己的智力强项及身体强项，等待着父母去认真发现和开掘。在孩子成长过程中尽早发现他们的特长，对于预测孩子日后成长趋势有着非常重要的参考意义。

揭开虚伪的面具，认识孩子本来的样子

身边很多控制欲较强的父母在管理孩子时，把孩子当作一个任人摆布的木偶，必须按照自己的想法来参加日常活动。他们以为这样做是为了孩子好，其实，这种重压下成长起来的孩子并没有父母想象的那样快乐、无忧无虑。虽然孩子们不需要像成人一样为了生计去劳作、为了未来去思考，可是孩子有着不同于成人的世界观。对于孩子来说，一次小小的冒险、一次不同寻常的经历，给他们带来的快乐要远大于安逸、平静的日常生活。

女儿刚上小学时，每天回来之后，都会给我讲学校的事，比如做值日生、升国旗、戴红领巾……想让我跟她一样享受学习的喜悦。

睡觉之前，我们经常会有这样的对话：

“妈妈，我们考试了。”

“哦。”

“你怎么不问我考得怎么样？”

“尽力就好。”

“我考不好，你会生气吗？”

“不会。”

“为什么？”

“因为你喜欢不发火的妈妈。”

……

身为父母，我清醒地认识到：自以为是地给孩子安排好一切，不一定是正确的，而是要多给孩子一些时间和空间，让孩子按照自己的意愿去成长。

让孩子戴着虚伪的面具成长，满足的仅仅是家长的虚荣心。孩子都是真实的个体，他们有自己本来的样子，为何不让孩子将自己真实的一面呈现给所有人呢？

方法一：纠正孩子的坏习惯

人非圣贤，孰能无过？何况是少不更事的孩子。在陪伴孩子成长的过程中，父母要用一颗宽容的心来对待孩子的失误，甚至错误。

女儿六七岁时，有一次我带她到超市去采购。一进超市，女儿就飞快地跑向了零食区和玩具区。我正要跟上女儿，让女儿小心一点，却遇到了一个很久不见的老朋友，聊着聊着就忘记了女儿。

跟朋友告别后，我在零食区找到了女儿。那时的她已经用零食把购物车塞满了。我严肃地对她说：“不能吃这么多零食，快放回去。”

女儿看着自己喜欢的零食，一动不动。没办法，我只能亲自动手。看到我动手把零食放回货架，女儿瘫坐在地上，开始哭闹起来。

女儿的哭闹声吸引了很多人的目光，围观的人纷纷劝我说：“算了，孩子还小，她要什么，就给她买吧。”我看了看围观的人，又看了看坐在地上哭闹的女儿，语气坚定地对她说：“我要回家了，你是准备和我一起回家，还是继续在这里打滚？”

女儿对我的话充耳不闻，继续在地上打滚。我对女儿的行为视而不见，转身就走……

很快，我就听到后面传来了“啪啪”的跑步声。女儿一手拉着我的衣服一角，一边向我道歉：“对不起妈妈，我错了，我再也不任性了。”

随着孩子自我意识的成长，大多数的孩子会出现一些任性的行为，尤其是在2~4岁时最为常见。孩子脾气急、没耐心，很多时候与父母的回应方式有着直接的联系。

如果爸爸妈妈为此而心疼做了第一次让步，这就会让孩子意识到他的这种做法十分有效，以后就会不断使用这种手段来达到自己的目的，这就滋养了孩子任性妄为的坏毛病。

在教育孩子的过程中，家长还要注意自身的言行。家长的言行是孩子行为的一面镜子，如果父母爱发脾气，那么孩子也难免会形成爱发脾气的习惯。因此，为了培养孩子良好的性格，家长一定要以身作则，切记不要经常发脾气，为孩子创设一个良好的家庭环境氛围，让孩子保持积极情绪，控制不良情绪的爆发。

方法二：倾听孩子的想法

孩子在成长中总是被要求“听话”：在家要听家长的话，在学校要听老师的话，大人说话不许插嘴，上课不许说话，长辈批评不准反驳……因为，在大人眼里，孩子说的话都是无足轻重、幼稚无知的，许多孩子的话语权就此被剥夺。

这种教育方式下成长起来的孩子，长大后往往不善言辞，害怕在公众场合开口，鲜有独立的见解和思想。家长要让孩子发出自己的声音。

在对女儿的教育中，我一直鼓励她表达自己的意见、形成自己的主张。

7岁时，女儿完成了自己的第一本“著作”。当时她已经认识了一些字，但还没有办法写出完整、正确的句子。不过，她已经具备了用图像表达自己想法的能力。她的第一本“著作”，就是用三张图表达出来的一个完整的故事。

不久之后，老师要求同学们用文字写作的方式表达出自己的想法。可是在写作时，女儿却经常写错别字，语句也不怎么通顺。我最初看见时，感到特别吃惊。我以为女儿可以像画图画一样，准确、直接地表示出自己的想法。后来，我查阅了相关资料发现，这是每个孩子的必经阶段。

这个阶段里，孩子的注意力和精力都很难集中。在他们的认知里，每个字都要修改、拼写、组词，既让他们精疲力竭，又感觉太枯燥，提不起兴趣，自然也就无法用句子准确表达自己的想法了。

在得知这一理论后，我并没有盲目地批评女儿，而是有针对性地去引导她辨字、识字，培养女儿的认字热情，从而丰富她的文字储备量。不久之后的一次作文比赛中，女儿获得了第三名，经过那场比赛，女儿的认字热情越来越高涨了。

孩子都喜欢表达，尤其是涉及跟自己有关的事情时，更愿意发出自己的声音，这些声音才是孩子的真正想法。既然要让孩子做真实的自己，我们就要让孩子发出真实的声音。良好的教育，应当鼓励孩子自己去感受和表达。当孩子努力想向父母倾诉他的喜怒哀乐与对世界的感悟时，父母如果不能听、不会听、甚至不愿听，那对孩子的负面影响可想而知。一段亲密健康的亲子关系一定是建立在父母与孩子双方充分沟通的基础之上的。孩子从父母认真的倾听中获得爱与安全感，学会好好说话的重要性，而父母也会从倾听孩子的声音中得到孩子无条件的依赖，与孩子共同成长。只有让倾听和倾诉成为良性的循环，亲子关系才能更加亲密与健康。

懂孩子，才能容孩子；知孩子，才能帮孩子

英国著名心理学家西尔维亚曾说：“这个世界上所有的爱都以聚合为最终目的，只有一种爱以分离为目的，那就是父母对孩子的爱。”爱孩子是人之常情，但是有时候，家长们却在不知不觉中以“爱”的名义伤害了孩子。无论是家长还是老师，都习惯了让孩子去听大人的话，让孩子在自己设计好的轨道中成长，却忽视了孩子们的需要，其实只有真正读懂了孩子，才能更好地帮助孩子成长。

一年级放暑假时，女儿因为做错了一件很小的事被我批评了一顿。之后，我就回到自己的房间，她窝在自己的房间。大概半个小时后，我从房间出来，路过女儿房间的门口时，我看到她背对着窗户，两个肩膀一耸一耸的，正在抽泣。

我走过去安慰她：“刚才是不是我话说重了？”她本来是轻轻地抽泣，结果我话音一落，她哭得更厉害了，说：“我也有自己的尊严呀。”女儿的话，像针一样刺了我一下。我在教训她时，根本没想到年纪这么小的孩子有什么尊严。

在孩子成长过程中，难免会做错一些事，这时，我们做父母的不要去指责孩子，多站在孩子的立场想问题，去理解孩子，让孩子自觉认识自己的错误。这往往比打骂、指责效果要好得多。

要知道，先读懂孩子，才能正确地爱孩子；只有正确地爱孩子，才能培养出健康的孩子。

方法一：细心观察才能透彻

家长对孩子的了解需要经历一个过程。

有个同事跟我说，她儿子上小学三年级时，开始学习写日记。按照老师的要求，每周都会写一篇，还要让家长签字。孩子的爸爸感到非常高兴，一直以来儿子跟他不亲近，借着这个机会，他正好可以看看儿子心中在想些什么。

每周都可以看到儿子写的一篇日记，孩子的爸爸觉得自己已经足够了解儿子：他不喜欢黑色、不喜欢吃苹果、不喜欢班上的学习委员，他喜欢体育课、喜欢打篮球……三年过去了，儿子上了六年级，爸爸已经连续看了三年儿子的日记。

这一天，儿子回到家，脸色很难看，爸爸问他："儿子，你的脸色怎么不太好？是不是被人欺负了？"

谁知儿子听了爸爸的话像只被踩了尾巴的小老虎一般，朝着爸爸大声吼道："你根本不了解我，就知道瞎问，你知道什么呀？"

爸爸被儿子的反应吓了一跳，他提高嗓门对儿子喊道："我不了解你？你是我儿子，我怎么会不了解你呢？你喜欢打篮球，喜欢红色，不喜欢吃苹果……"他的话还没有说完，儿子转身就向房间走去，把门重重地摔上了。

虽然，父母赋予了孩子生命，但是每个孩子都是独立的个体，有自己的想法和认知，而很多父母都忽略掉了这一点，他们总是认为："我是他们的父母，我一定最了解他们。"比如同事的丈夫，仅凭一本日记，就以为自己已经完全了解儿子。从另外一个角度看，儿子的这本日记，不仅没有让爸爸更了解儿子，反而激发了父子间的矛盾。

了解孩子是一门永无止境的功课，细心观察，不满足于现有的认识，才能将孩子了解得更为细致。而且，孩子是不断成长的，对孩子的观察和研究肯定不能停留在某一个时期，这将是一个漫长而有趣的过程。

方法二：不急不火，做好监督

处于成长过程中的孩子，多少会表现出一些不恰当的行为。如果父母听之任之，任这些不良行为习惯成自然，它们必将成为孩子成长的羁绊，正所谓“千里之堤，溃于蚁穴”。面对孩子出现的不恰当的行为，家长要耐心地做好监督工作。监督孩子是对家长和孩子耐心和恒心的考验。其实说到底，这件事情并不难，难的是要坚持不懈地做下去。父母要做好打持久战的心理准备，不急不火，将监督进行到底。

侄子少康最近不知道是因为警匪片看多了，还是因为痴迷警匪游戏，总是把手想象成枪支，对准别人说：“不许动，否则我一枪毙了你！”大人如果稍微动一下，他就会瞬间变身“冷酷杀手”，嘴里发出“砰砰砰”的声音。

少康对这样的游戏特别钟爱，而且大有愈演愈烈的态势。若大人不按照他的意愿配合“假死”，他就会大吵大闹。

弟妹逐渐意识到，少康见人就举“枪”的行为已经成了一个不好的习惯，决心让他改掉。弟妹先与少康进行了一番语重心长的对话，告诉他这是非常不礼貌的。少康听得倒是挺认真的，表面上答应了妈妈说的话，可是一转身，看到爷爷从房间里走出来，又会马上举起“枪”。

弟妹在不断地纠正、教导少康的过程中，终于失去了耐心，在一次少康对幼儿园老师举起了“枪”时，用力地打了少康一巴掌，他立即大哭大闹起来……

孩子的不良行为并不是一朝一夕形成的，要让孩子改掉这样的行为，当然也不是一朝一夕就能完成的。弟妹对这一点似乎认识得还不深刻，当她一而再，再而三地发现孩子有这种行为时，终于怒不可遏地挥手给了孩子一巴掌。可是，责打并不是解决问题的正确方法，耐心纠正才可以。比如：

孩子跟大人玩“假死”，要告诉他，可以玩一会儿，但不能过度，不能强迫大人玩。之后，跟孩子约定时间来玩这个游戏。

如果孩子用哭闹来表达不满，就要告诉他，要按照约定来，否则今后一次都不跟他玩。

如果孩子答应后出尔反尔，要提醒他曾经答应过什么？如果说话不算数，可以将他冷落在一边试试。

如此，孩子的错误行为就会收敛很多。

同样，在生活中遇到其他问题，也可以用这种方法来进行，比如：孩子只吃肉不吃菜，就要将蔬菜的重要性告诉他，将不吃蔬菜的恶劣后果直接言明。之后，引导他主动吃各类蔬菜。发现孩子喜欢抢小朋友的东西，就要告诉他，东西是别人的，不能抢，想要玩，可以跟对方商量着借；如果对方不同意，就不要强迫。

在成长过程中，每个孩子都会犯错，都会养成一些坏习惯，家长的主要工作就是耐心纠正他们的不良行为。记住：纠正孩子的不当行为是一场持久战，力量是次要的，粗暴、直接地应对并不能解决问题，耐心纠正才是关键！

捍卫孩子独有的气质

每个孩子都是独一无二的个体，身为父母，我们在教育孩子时要注意捍卫孩子独特的气质。著名作家张爱玲的成长历程很好地诠释了这一理论。

张爱玲的祖父张佩纶是李鸿章的女婿，她的父母也都曾留洋海外。长在这样的家庭中，张爱玲同时接受中国文化和西方文化的熏陶，比别人拥有更加得天独厚的教育环境。

张爱玲 3 岁时，母亲就教她读诗。天性聪颖的她，一首诗词念几遍就会背诵。很多时候，她还会仿照古诗的体裁写些小诗。

7 岁时，张爱玲就可以写些小故事了。

9 岁那年，小爱玲画了一张漫画，父母看了，觉得不错，就把漫画寄给了报社。结果，几天之后，竟然收到了 5 元钱稿费。父母高兴地鼓励她说："这些钱，你可以用来买自己想要的东西。"这是张爱玲收到的第一笔稿费，她高兴极了。

上中学时，张爱玲开始接触张恨水的小说，被书中的情节和人物吸引的同时，萌发了自己写小说的想法。之后，张爱玲就按照《红楼梦》中的人物，给他们换上同时代人的服装，用同代人的语言，开始写小说。每写好一个章节，她都要拿给父亲看。父亲总是欣然动笔，拟上回目。后来，这本书写完了，被订成上、下两册手抄本，书名叫《摩登红楼梦》。

就这样，在父母的鼓励下，张爱玲一步步走上了作家之路。她的文学作品至今仍然影响着很多人。

可以想象，如果张爱玲没有开明的父母，而是从小就被逼着学习一些所谓“大家闺秀”应该学习的东西，那么一代天才作家很有可能就会被埋没。由此可见，父母在教养孩子的过程中，捍卫孩子的独有气质，为其创造适宜的发展环境，那么孩子很有可能在自己擅长的领域有所成就。

方法一：别把孩子的气质当缺点

每个孩子都有自己独特的先天气质，不同气质的孩子，需要不同的教养方式。

小易特别厌学，老师和家长用了很多方法都无法让他认真学习。一天，爸爸惊讶地发现小易居然在看书，而且表情极其认真。

爸爸发现小易正在看一本关于古钱币的小读本。他灵机一动，决定从这个方向下手，培养小易的阅读兴趣。于是他开始经常跟小易讨论关于古钱币的事例，以此激发小易的求知欲和学习欲。

渐渐地，小易爱上了学习，成绩也直线上升，还立志要考大学，学习与古钱币相关的专业。小易一点一点地进步，通过自己的努力，最终考入了重点大学的历史系。

小易从一个学习普通的学生到考上名牌大学，跟爸爸按照孩子的特点因势利导分不开。每个孩子都有自己的气质特点，父母应当及时发现孩子的优点，并加以引导。只有承认孩子的独特性，才能正确地理解孩子，并促进孩子的健康成长。

孩子难管，公然挑战父母的权威，并不是好孩子越来越少了，而是很多父母不太会欣赏和尊重敢于对父母说“不”的孩子，把孩子的独特误解成缺点。

教育孩子的过程中，父母要不断反思自我：我够了解孩子吗？我够尊重孩子吗？我知道孩子在想什么吗？不了解孩子，就不能正确看待孩子身上所蕴含的优缺点，教育成果自然不会很理想。掌握教育的规律，因材施教，这样带给孩子的影响才是最好的。

方法二：理解并呵护孩子的个性

每个孩子的注意力、语言、行为、习惯、情绪等都有明显的特征和倾向性。家长要理解和呵护孩子的独特个性，培养孩子独立探究、独立获取知识和解决问题的能力。在教养孩子的过程中，因势利导，逐步让孩子养成健康、积极向上的生活态度。

爱因斯坦上小学时发生过这样一件事：

为了讲解“加法”的原理，老师拿出一个苹果，问同学们：“一个苹果加上另一个苹果是几个苹果呢？”

“两个。”孩子们齐声回答。

接着，老师又用其他实物做了类似的演示，最后边说边在黑板上写出了“1+1=2”。

爱因斯坦眨着眼睛，对老师的解释产生了质疑，举手示意并站起来说：“老师，1 加 1，其实也等于 1。”

老师被说愣了。只见爱因斯坦从口袋里取出两块软糖，一只手拿一块，然后把两块糖用力地捏在一起，举起来：“老师，你看，这不是‘1+1=1’吗？”

“两块软糖粘在一起，变成了一大块。”

“大的一块也是 1 啊。”爱因斯坦回答道。

老师摊开双手，不知道该如何解释，只是轻轻重复：“对，大的一块也是 1……”

年幼的爱因斯坦身上蕴含着丰富的求知欲和学习欲，在向老师表述自己的想法时，老师没有指责他捣乱，而是对他的回答加以肯定。这就是尊重孩子个性的表现。如果老师对爱因斯坦的回答生硬地贬损，受到“打击”的爱因斯坦也许就不会成为享誉世界的科学家了。

在父母教养孩子的过程中，理解并呵护孩子的个性，就能建立起平等、民主、相互信任的亲子关系。只有在和谐的气氛中，孩子才敢大胆质疑、勇于创新，并获得积极的发展。每个孩子都是与众不同的，他们有不同的感受方式、玩耍方式、思维方式、学习方式、享受方式，就是这些特性定义了独特的自我。在孩子小的时候，家长要尊重孩子的个性，让他们个性中最鲜活、最真实的东西得以张扬。当然，尊重孩子的个性，并不是一味地迁就孩子，家长应当多一些耐心和尊重，多和孩子进行沟通，多花些时间和孩子相处，并锻炼孩子的独立意识，培养孩子的处世态度。

贴上“笨”的标签，孩子将被压垮

“你怎么这么笨！”生活中，我们经常会听到一些父母这样指责孩子，有一些甚至成了口头禅，即使父母心里不是这样想的，也会在情绪爆发时随口说出。要知道，这句话对孩子的伤害力是非常大的。因为，大多数孩子都不想从别人口中听到类似“你真笨”这样的话。人类的语言是有魔力的，父母对孩子灌输什么语言，孩子就会慢慢向我们灌输的方向去发展，如果父母经常说孩子笨，孩子可能这辈子都不会聪明起来。

女儿读幼儿园大班的时候，我有一次下班回到家，看见她正趴在桌上做数学题。原来，幼儿园的老师当天教了孩子们十以内的减法运算，女儿一脸愁容地看着书本上的题目。孩子的奶奶正在旁边厉声地训她：“你怎么这么笨！”女儿瞪大眼睛，委屈地看着她，不知道该怎么做。

我意识到孩子奶奶的话会给孩子的内心带来伤害，便赶忙走上去示意婆婆去做饭，再让女儿拿出 7 个苹果，让她吃了 1 个，我自己吃 1 个。吃完后，我让她数数还剩下几个，这对她来说就太简单了。女儿很快就回复我：“5 个。”

我对她说：“7 个苹果，吃掉 2 个，剩 5 个，这就是减法。”

“7−2=5。”女儿马上就算出了得数。

我表扬她是个聪明的孩子，她才露出笑容。接下来的几道题，她都很快做了出来。

实际上，学习成绩不能代表孩子的全部，孩子成绩差未必将来没出息。美国畅销书作家斯坦丁博士对733位百万富翁进行调查，从他们的成功经验中总结出30项最具代表性的因素，而“上学时学习成绩最好”一项居然排在最后。

负面的评价只会带来消极的影响，对孩子的成长有百害而无一利。孩子来到这个世界，最初的自我认知都是从周围人的反应中建立起来的。经常听到“差”“笨”等字眼，孩子就会对自己产生怀疑，在尝试新技能时的表现就会大打折扣。

每个孩子都有自己的优势和弱势，世界上没有笨孩子，孩子之间也不能横向比较。因此，家长对孩子的评价不能随心所欲、信口开河，更不能随意给孩子贴上“笨”“傻”的标签。

方法一：相信他

我一直很喜欢一句话：“每个孩子都是天才。”很多父母都认可这句话，却没办法真正领略其内在含义，更无法在现实生活中具体实施。其实，实践这句话最简单的方式是：相信孩子。

小小上幼儿园时，是个学习成绩特别差的孩子，他性格内向，不喜欢与人沟通，在回答老师的问题时，会回答得乱七八糟，毫无逻辑性。老师有时候会布置一些开发智力的家庭作业，小小不但无法按时完成，还经常在作业本上乱涂乱画。

刚开始时，小小妈对此感到很头疼。可是通过观察，她发现小小并不是在作业本上胡乱涂画，而是在创造自己脑海中的作品。小小在绘画时，表现出了超乎妈妈意料之外的专注。

小小妈看女儿画得如此认真，就对她说："宝贝，妈妈发现你画得非常棒，给你买了专门画画的纸和笔，但你要答应妈妈，以后好好完成作业再画画，好不好？"

小小看见画笔和纸，高兴极了，毫不犹豫地答应了妈妈的要求。

每个孩子身上都蕴藏着巨大的、不可估量的潜力，每个孩子都是天才，但需要父母用一双慧眼去发现，用爱心去培育。若孩子的天赋不曾被发现，没有得到恰当的引导，这样的天赋只会被埋没。

方法二：发现优势，积极鼓励孩子

家长给予孩子多少，孩子就会回馈家长多少。家长在教养孩子的过程中，相信、鼓励孩子，孩子就会变得自信、自爱。

一次，女儿所在的班级举行绘画展览，让每个孩子都准备一幅画。吃过晚饭后，女儿坐在书桌前，迟迟不肯下笔。我问她："为什么不画呢？"她低着头说："我不会画，就算画出来也会很难看。"

"你要相信自己，没有试过，怎么知道画出来会难看呢？我相信，你一定会画得很好。"在我的鼓励下，女儿半信半疑地画了起来。后来她越画越开心，不一会儿，就拿着画好的画，自豪地给我看。我奖励她一个大拇指。

从那以后，女儿便喜欢上了画画。不仅如此，在遇到问题和困难时，她也改变了以往唯唯诺诺、自卑的心态，不管遇到什么问题，她都会自信地对我说："妈妈，我相信自己，让我试试看。"

只有不断发掘孩子身上的闪光点，积极鼓励、引导孩子，才能让孩子健康、快乐地成长。每个孩子都是独一无二的，发现孩子的优势，积极地鼓励孩子，他就会变成你所期望的样子。

Chapter 4

有效的亲子沟通，是孩子自然成长的第一步

良好沟通习惯的养成，需要一步一步来

在我们身边，许多父母都是权威的代表，他们说什么就是什么，孩子只能言听计从。因为缺少沟通，父母和孩子之间总会出现矛盾。父母是孩子的第一任老师，沟通是父母跟孩子交往的重要方式。沟通是一门学问，良好沟通习惯的养成，需要一步步来。

周末，女儿约了几个小伙伴来家里玩儿。中午，我打算留下几个孩子吃午饭，就跟孩子们商量吃什么。事后，一个名叫小良的孩子走过来说："阿姨，您真好，我爸爸妈妈就跟您不一样，他们很霸道，我说什么都是错的。"接着，小良就给我讲了之前发生的一些事。

家里买了新房。晚上，爸爸妈妈商量怎样装修新房，小良在一边认真地听着。他一直都梦想有一个属于自己的房间。他想知道父母怎样去装修他的房间。

说话间，爸爸妈妈自然提到了小良房间的装修问题。

"小良的房间要怎么样装修呢？"妈妈问道。小良竖起耳朵认真听着。

"还能怎么装修？放张书桌，放一张小床就行了。"爸爸轻描淡写地说。

"不，我想把我的房间刷成淡蓝色，想要一张床和一个书架，还要一张电脑桌……"小良忍不住插嘴道。

"你怎么那么多话。哪有精力给你弄。你懂什么？孩子的房间还是简单点

好，讲究的是实用。”妈妈不耐烦地说道。

“但是，我们班的板报设计一直都是我做的，大家都说好，我想设计自己的房间……”小良小声嘟囔了一句。看到爸爸妈妈正面露不悦地盯着自己，他连忙低下了头。

“你脑子里整天都在胡思乱想什么，今天你这样想，谁知道明天你又怎样想？房间弄得花里胡哨的，像什么样子？”爸爸呵斥道。小良的眼泪一下子就流了下来。

从离开母体，孩子就成了一个独立的个体，虽然他们还待在我们身边，却不属于父母。他们有着自己的灵魂和思想，需要自己去认识和感知这个世界。在最开始的岁月中，我们就是他们的领路人；当他们逐渐长大后，就有了独特的思维，会对世界充满好奇。我们的任务是，尽量去了解孩子的内心世界，多跟他们沟通，知道他们的想法。千万不要因为孩子小，觉得孩子什么都不懂。

方法一：沟通，必须耐心听孩子讲

有个孩子上学总迟到。有一天，老师就此事跟孩子的妈妈打电话沟通，并希望孩子的妈妈能够督促孩子不要再迟到。

妈妈挂断老师的电话后，正好看见放学回家的孩子。但她并没有不管不顾地冲上去打骂孩子，而是语气和善地问道：“儿子，你能告诉我，为什么每天你那么早出去，却总是迟到吗？”孩子先是愣了愣，见妈妈没有责怪他的意思，就说：“我在河边看日出，太美了。看着看着，就忘了时间。”听了儿子的话，妈妈笑着摸了摸他的头，说：“看日出可以，但你要答应妈妈不再上学迟到了，好吗？”儿子爽快地点了点头。

第二天放学回家，儿子发现书桌上放着一块精致的手表，下面压着一张纸条：“因为日出太美了，所以我们更要珍惜时间和学习的机会，你说是吗？爱你的妈妈。”

每个孩子都是一个小天使，他们的内心有成年人想象不到的善良、单纯。父母能否走进孩子的内心世界，能否用心聆听孩子的心声，是教育成功与否的关键。当孩子犯了错误时，家长不妨先冷静下来，尝试着多一分耐心，问问孩子这么做的原因是什么。当家长将关注点放在了解孩子的想法，并想办法帮孩子解决问题时，也许就会发现孩子那些不可理解的行为其实是情有可原的。

方法二：沟通不着急，多给孩子一些时间

林夕上五年级了，一天妈妈接到班主任的电话：“林夕和班上一位男生走得很近，可能早恋了。”听到这个消息，妈妈感到非常震惊。

吃晚饭时，一家人边吃饭边聊天，妈妈故意问了林夕一句：“班上有没有人欺负你啊？”

“没有啊，大家都对我挺好的啊。”林夕开心地说道。

妈妈微笑着点点头，给她夹了一块鱼肉，说：“那就好，多吃点。”

过了一会儿，林夕又接着说道：“大家都对我挺好的，尤其是尤斌……”

听到女儿主动提到男孩的名字，妈妈的心提到了嗓子眼。她深呼一口气，面色平静，和蔼道：“那就好，如果别人需要帮忙，你也应该去帮人家。”

“当然了。”林夕马上回应道，“妈妈，你知道吗，尤斌就像大哥哥一样。”

看到林夕轻松的表情，妈妈终于放心了，笑着说：“嗯，不是哪个人能随便当我宝贝女儿的哥哥的，他一定非常优秀吧？”

林夕被妈妈的话逗乐了，于是跟妈妈讲她遇到的困难，以及尤斌是怎么样帮助她的……

林夕的妈妈通过女儿的叙述，大概摸清了女儿与尤斌的关系。她发现女儿并不是早恋，而是对那个叫尤斌的男生心怀感激之情。孩童时期，孩子的注意

力很容易被那些优秀的小伙伴所吸引，他们会有意识地向那些崇拜的“偶像”学习，以期望自己也能变得同样优秀。林夕的妈妈看着女儿兴高采烈的样子，长长地舒了一口气。

相信，任何家长在听到关于自己孩子早恋的消息时，多少都会有一点点担心，都会跟孩子进行一番沟通。如果孩子一进家门，家长就迫不及待地开始责骂，只会让孩子心生厌烦。

不管遇到何种事情，父母在与孩子沟通时，一定要有足够的耐心。为孩子创造自由充足的语言环境，等到孩子愿意向自己吐露心声时，沟通的时机也就到了。

走进孩子的世界，和他融成一片

教育孩子时，必须站在孩子的角度，从孩子的心理出发去分析他们的行为。只有走进孩子的世界，才能跟孩子打成一片。

小侄子最近总喜欢用手拍打刚出生不久的妹妹，或者动不动就故意哭闹，以引起家人的关注。可是，家人并没有弄清楚他为什么做出如此异常的举动，便严厉地批评他："你不乖，妹妹比你乖，我们喜欢妹妹。"但是家人越批评小侄子，他就越跟大家对着干。

从这件事来看，小侄子之所以表现出这样的行为，其实是在表达内心的不安全感。过去家里只有他一个孩子，大家都关注他、疼爱他。可是，忽然之间多了一个比他小的妹妹，大家将注意力都放在了妹妹身上，小侄子一下子接受不了。为了引起家人的注意，他才选择这么做。尤其当家人对他说"你不乖，妹妹比你乖，我们喜欢妹妹"时，他更会感到不满，进而动手去打妹妹。

经过一系列的分析后，我试着引导他多与妹妹接触以消除他心中的不安全感。比如在妹妹哭闹、要喝奶时，我告诉小侄子："我知道你很棒。妹妹哭了，你可以照顾一下，唱歌给妹妹听吗？我去帮妹妹冲奶。"这时，小侄子就会开心地在旁边唱歌，让妹妹开心。

通过我的肯定，小侄子再也不捉弄妹妹了。

我还会带着小侄子去妹妹的房间，让他轻轻地摸妹妹，告诉他："只要你轻轻地摸妹妹，我们都会喜欢你。妹妹哭了，我们自然要抱抱她，虽然没有抱你，可是我们依然爱你。你是哥哥，应该照顾妹妹、哄妹妹开心。"

从那以后，只要妹妹哭了，他都会哄妹妹开心，也不再打妹妹了。有时候还会爬到妹妹身边，和妹妹一起睡。渐渐地，他变得听话了，也不再捉弄妹妹了。

想跟孩子和谐沟通，就要走进孩子的世界，用他们的方式去考虑问题。置身于孩子的世界之外，自然无法洞悉孩子的内心。

方法一：主动和孩子聊聊天，也是一种沟通

有时我们会发现，随着孩子慢慢长大，跟他们沟通变得越来越难。为什么会这样？原因特别简单。每次父母和孩子的谈话都在向孩子传达他们看法。在过往的谈话中，孩子清楚父母如何评价自己，知道父母如何回应自己。如果他们总是得不到支持，总是感觉不到被接纳，就会拒绝和父母交流。

交流中，错误的沟通方式会阻碍孩子向父母敞开心扉。其实，沟通远没有我们想象中的那么难，身为父母，只要家长多抽出一点时间，主动去和孩子聊聊天，就能成功走进孩子的世界。

从女儿上幼儿园开始，为了和女儿更好地沟通，同时也为了锻炼女儿的表达能力，每天在睡觉之前，我都会和女儿聊聊天。每到此时，女儿都会给我讲一些她在幼儿园里遇到的有趣的人和事。如果没有什么有趣的、有意义的事情，她也会和我说说当天的收获。

一天，女儿放学回到家，跑到厨房，对我说："妈妈，我们幼儿园有一个小朋友得了很严重的病，我很想帮助她……"

"哦，是吗？那你打算怎么帮助她？"我停下手中的活儿，问道。

女儿想了一会儿，说："我要把我的零花钱捐给她。"我听后赞许地点点头。

很多时候家长之所以不能走进孩子的世界，主要是因为不懂得如何跟孩子说话、聊天。为了搞清楚孩子在学校的情况，悄悄地翻看孩子的东西，这种行为不但会使孩子不开心，还会让亲子关系更加恶化。相反，如果可以主动和孩子聊聊天，就会轻而易举地走进孩子的内心世界，和他融成一片。

孩子也有自己的生活，每天也会发生一些事，和孩子沟通时，一定要鼓励他们将发生在自己身边的事情讲出来，这样，孩子才能体会到家长对自己的关心，才会更愿意主动和家长沟通。

方法二：变说为听，才能走进孩子的内心世界

一个闷热的下午，李涛浑身是汗地骑着自行车在车流中艰难地行进。女儿坐在车后座，跟他讲着在班里和同学闹别扭的事。当时，李涛的感觉只有一个字：累，所以对女儿的话毫无反应。

渐渐地，女儿的声音变弱。突然，她小声说："爸，我差点忘了，下午我们美术课要用橡皮泥。"

李涛一听，就不耐烦地说："早干吗去了，刚才路过文具店为什么不说……从来都是这个样子，学习用的东西，总是后来才想起来，前面那么多时间干什么去了……"李涛一边唠叨，一边准备返回文具店。女儿却气鼓鼓地跳下车，说："不买了，回家。"说完，头也不回地径直往家走。

一进家门，李涛就来到女儿面前，质问她为什么这么不听话。女儿眼泪汪汪地望着他说："爸，你知道吗，小孩其实也特别可怜。"

听了女儿这句话，李涛一下子愣住了，像遭到重重的一击。女儿红着眼睛，哽咽着说道："爸爸，你们大人感到心烦时，可以对我们发火。可我们心烦时，能找谁发火呢？你知不知道，我们有时候也非常难受……"

女儿的话让李涛猛然惊醒，他知道自己粗暴的态度伤害了女儿幼小的心

灵。从这以后，李涛开始有意识地与女儿沟通。慢慢地，父女之间的沟通越来越顺畅。

懂教育的父母，教育的方式是宽容、宽松、宽厚的，绝不会对孩子做的每件事都指手画脚。懂教育的父母会尊重孩子，变“说”为“听”。多为孩子提出原则性建议，才能得到孩子的信任和认同。反过来，孩子长时间被唠叨个不停，在负面情绪的影响下，为了逃出压抑的环境，他们就会启动“选择性失聪”去保护自己。

合格的父母，不仅是孩子衣食住行的提供者，更是孩子的良师益友。亲子间的良好沟通可以把家长的期望充分地传递给孩子，也能让家长在这一过程中充分了解孩子的所思所想，帮他们解决成长中遇到的问题，只有如此，才能给孩子提供行之有效的教育。

关心孩子，就要将关心之言简单地说出来

一首《妈妈唠叨之歌》在网络上爆红，歌词里说是："快起来，快起来，快点别迟到。快点洗，快点刷，快点梳个头。快点穿，快点穿，快点别磨蹭。面包，吃了没？你的书，你的笔，你的作业本；你的壶，你的包，你的午饭钱……"短短几分钟，十分形象地展现了一位喋喋不休的妈妈的形象。

唠叨在中国父母身上特别普遍，它是父母和孩子之间顺畅沟通的最大障碍。父母不断地唠叨，觉得自己是为了孩子好，可是多数时候孩子并不领情，还会产生强烈的逆反心理。既然你关心孩子，为何不用简单的话说出来？

孩子的心是稚嫩的幼苗，父母的唠叨则像一把刀子，稍有不慎就会伤到孩子。身为父母，一定要讲究与孩子的沟通技巧，千万不要给孩子留下一种父母"唠叨"的印象。因为唠叨会拉开父母和孩子之间的距离，孩子需要的不是唠叨式的关爱，而是朋友式的交谈及理解，把对孩子的关心直接告诉孩子，效果可能会更好。

方法一：和孩子做朋友，走进孩子的内心世界

小灵是个小学六年级的女孩。最近她妈妈发现女儿和往常不大一样，总是闷闷不乐，也不像以前一样爱说爱笑了。她意识到女儿有心事，便决定找女儿

谈一谈。

吃过晚饭，妈妈便拉着小灵的手，说："小灵，你这几天好像一直心情不太好。走，妈带你去公园散散步。"

一路上小灵都没说话，一直走到一张长椅前，她才拽着妈妈坐下来。看着小灵欲言又止的样子，妈妈说："人长大了都会有心事。我不是说过吗？我虽然是你的妈妈，但也是你最好的朋友。你有什么心事和困难，都可以告诉我。我即使帮不了你，也能为你分担一点啊，对不对？还有人比妈妈更值得你去信赖的吗？"

听后，小灵好像没有了顾忌，靠在妈妈的肩膀上，小声地说："妈，我觉得这件事情不太好说。怕你不理解，怕你生气。"

妈妈笑了，说："傻孩子，我也是从你这么大过来的，有什么不能理解的？说说看。"

小灵想了一会儿，说："妈，你知道我的同桌杨刚吧？"

"嗯，那个男孩子成绩不错，我知道。"妈妈回答。

小灵接着说："我们关系不错，平时考试不是我第一就是他第一。不同的是，我数学比较好，而他的数学成绩很一般，因此平时放学后我经常留在班里帮他补习数学。但是上周……妈妈，他说他……喜欢我。我真的不知道该如何是好。"

妈妈明白了小灵这些天情绪不好的原因，觉得这件事情挺棘手，一定要处理好。想到这里，妈妈拍拍小灵的后背说："其实这也没什么大不了的，说明你长大了。你能将这件事告诉我，我特别高兴。再说了，有人喜欢你，说明我女儿优秀呗。"

"是吗？"小灵瞪大了眼睛，看着妈妈。

"其实，妈妈年轻时也遇到过这样的事，不过我告诉他，我想要一个他这样的哥哥。再后来，他就成了我哥，我们一直都是好朋友。小灵，你现在长大了，应该知道如何处理这样的事情，对吧？"

“妈妈，我知道该怎么做了。”小灵笑得非常释然。

这就是沟通的妙处，也是聆听的神奇。

父母无论做什么，肯定都是为了孩子好。可是，既然是为了孩子好，就不要粗暴地责问、无情地惩罚，要将自己的关爱表达出来。在倾听之中，融入对孩子的爱、宽容、耐心和激励，为孩子创造一个幸福、温暖的成长环境，在自己和孩子之间建立起最亲密的亲子关系。

方法二：把握好度，要对爱降降温

晓凤是朋友的宝贝女儿，朋友夫妻俩直到35岁时才有了她。从小，不管什么，他们都会给女儿最好的：喝进口奶粉，穿的、用的也全是品牌货。晓凤渐渐长大，他们担心女儿吃不饱，总是追在后面一口一口地喂。

直到晓凤上了小学，夫妻俩还会叮嘱女儿说：“宝贝，到学校一定要多喝水，多吃饭，跟同学友好相处。今天多穿点衣服，天气有点凉……”放学回家，两人还会不停地询问孩子在学校里发生的一切，比如，老师讲的能听懂吗？作业多吗？和同学相处怎么样？甚至连她去了几次厕所也要问。

开始晓凤都逐一回答，渐渐地，就变得爱搭不理的。有一次，晓凤瞪着眼说：“妈，你能不能别总问了？”

晓凤的话让朋友感到吃惊，她本来是出于对女儿的爱才想了解她的一切。谁承想，这份爱竟然成了女儿嫌弃她的罪魁祸首。

在家人的建议下，朋友不再“关心”女儿，上学路上也不会一而再、再而三地叮嘱；放学回来，她也不再追问女儿在学校发生的事情了。

一天，晓凤写作业时遇到稍微有点难度的问题，就跑来问她。朋友看了看，觉得这道题对女儿来说应该不难，可能是她没有读懂题意。所以她什么也没说，只是让女儿再认真读题。晓凤一个字一个字地读了一遍，终于明白了，不一会儿就做出来了。

不仅如此，在晓凤犯错时，朋友也不再是不停地说教了，仅仅是点到为止，甚至有时候会保持沉默。晓凤意识到自己犯的错误时，朋友就会鼓励她承认错误，用行动改正。

认为孩子永远长不大，事事都不放心；对孩子饮食起居事无巨细，关怀备至；天冷怕冻着，天热怕晒着……总之，父母不停地叮咛加嘱咐，只会让孩子倍感厌烦。给孩子适当的爱，才是最好的爱；将关心用简单的话说出来，孩子反而更能理解你的爱。

跟孩子说知心话，不能少了感情

跟孩子沟通、交流时，总感觉“牛头不对马嘴”，本来是关心孩子，但他却毫不领情；想说一点知心话，却发现孩子有些心不在焉……其实，孩子和家长沟通，是有选择性的，如果家长无法开启孩子的心扉，就无法和他面对面地进行交流。如果想跟孩子实现畅通的交流，就要多一些感情在里面，不要让自己当坚冰。

女儿倩倩今年上初二，爸爸发现她有个带锁的日记本，手机也设置了密码。他觉得，孩子之所以会这样做，一定是不希望大人看到她的东西，但是心里却感到不好受，觉得自己很失职。

为了进一步了解倩倩的情况，爸爸来到学校找老师，并没发现有什么异样……可是，爸爸还是不放心，很想看看女儿的日记里究竟写了些什么，手机里面有什么秘密。

晚上，倩倩吃完饭就一直待在书房里，12 点时房间里的灯还亮着。爸爸走进去，问她发生了什么事情。但是，倩倩一句话也没有说。

爸爸特别生气：“你究竟是怎么了？手机设密码，日记本还上锁，是不是有什么事瞒着我？”

“没什么事情，我的事情你别管。”倩倩气哼哼地上床睡觉了。

很明显，倩倩爸的做法不可取。处于青春期的孩子，开始有自己的隐私，身为家长，关心孩子不容置疑，但在沟通时，一定要留给孩子一个空间。

若想和孩子交心，首先就要注意营造融洽的氛围。劝导孩子，也应当注意方式、方法，比如："小强，爸爸给你讲个故事，我像你这么大的时候很淘气……"这样，两代人或隔代人的交流就在不知不觉中开始了，知心话才能使孩子接受、理解。

生活中，我们经常会遇到这样的情况：

发现儿子这两天闷闷不乐，夫妻俩想要跟他沟通，可儿子居然生气了，说我们的行为侵犯了他的隐私权。一时间，妻子和丈夫在孩子面前束手无策。

父母放下架子，想和孩子说说知心话，结果却发现根本不明白他们的想法。随着他们渐渐长大，秘密越来越多，有时甚至会用谎言来应付父母的关心。

……

原因何在？因为你的语言里，少了感情。

方法一：关心的话，也要换一种方法说

小琴在学校是老师眼中的好学生，同学们眼中的开心果；在家里，也是爸爸妈妈的贴心小棉袄。

小琴有个爱好，喜欢音乐，尤其是喜欢流行歌曲。爸爸妈妈没觉得有什么不妥，反而觉得听音乐对孩子的成长有好处。后来有一段时间，小琴迷上了加油少年团，甚至买他们的海报、专辑等，每天放学回家的第一件事就是上网浏览有关他们的新闻和资料。

有一天，小琴对妈妈说："妈，老师让买课外辅导书。"妈妈就给了她钱。后来，一次偶然的机会，妈妈从老师的口中得知，她并没有要求学生买课外辅导书。原来，小琴拿着这些钱和自己多年积攒的压岁钱买了加油少年团的演唱

会门票。

了解到这个情况后，妈妈特别担心，一是因为女儿说谎，二是因为孩子如此过分地追星，很可能影响到她的成长。尽管如此，小琴回到家之后，妈妈也没有责备她。

为了更好地理解女儿，妈妈还特意查看了加油少年团的歌曲和有关资料，然后和小琴进行了沟通："心中有个崇拜的对象，也没什么不好。"听到这话，小琴的眼中闪过了一丝惊讶，然后低下了头。

妈妈接着说："但是，任何明星都不会轻易成功，他们之所以能够取得如今的成绩，都付出了超乎常人的努力，既然你那么喜欢加油少年团，为什么不学习他们的精神呢？"

听完，小琴点点头，跟妈妈保证以后一定会努力学习的。

追星是孩子成长过程中一种正常的心理需要，但如果将大量的时间、精力和情感都放在这些事情上，势必会影响学习。为了避免这种事情的发生，家长就要在平时的教育中提高孩子的鉴别能力和审美情趣。

关心孩子固然没错，但有时候换种说法可能会取得更好的效果。

方法二：沟通时，让孩子感觉到你的爱

一次，小秋患感冒，咳嗽得特别厉害，医生给她开了消炎药和止咳药。妈妈先让她将消炎药吃了，之后对她说："半个小时后，把止咳药吃了。"小秋手里正忙着安装电动潜水艇，便随口答应了。

过了好一会儿，妈妈问小秋："药吃了吗？"

小秋说："妈，我全吃了。"

妈妈一听，急了："我不给你吃过消炎药了吗？怎么又吃一次？而且，消炎药怎么能随便吃？要多喝水。"小秋乖乖地喝了一大杯水，妈妈让她立刻睡觉。

妈妈洗漱完，看见小秋躺在床上，被子盖得紧紧的，只露出一个小脑袋，眼睛睁得大大的，脸上没有丝毫表情。

妈妈笑着躺到女儿身边，问："小秋，你知道我笑什么吗？"

小秋说："不知道。"

妈妈说："咱们家马上要出一个大科学家了。"

为了调动小秋的情绪，她说："是哪位大科学家把怀表当鸡蛋煮到锅里去了？"

小秋非常兴奋地说："牛顿。"

"哪位数学家走路读书碰到电线杆了？"

"陈景润。"

"我女儿安装电动潜水艇竟把药给吃错了，难道不是具备了大科学家做事投入、专注的素质吗？妈妈真为你高兴。"

小秋脸上溢出幸福，她探出小脑袋说："妈，对不起，我又让你生气了。但是，你更应为我感到高兴。这是我第一次自己安装电动潜水艇。你让我吃药，我正沉浸在喜悦中，因此把药吃错了……"

一份纯真的爱，让孩子体会到快乐、享受温情，更能为孩子打开一扇爱的天窗。

孩子的心灵是一个没有杂质的净地，没有谎言，没有欺骗，一切都直来直去，他们的行为都是为了满足自己某种单纯的需要。这就是说，孩子的感受和行为之间是有直接联系的。

沟通时，要让孩子感受到你对他们的爱。

即使是说开心话，也要言中带理

在微博上，经常会看到这样的文字：

文字 1：

今天升职了，我特别高兴，想将这份快乐和 4 岁的女儿一起分享："然然，爸爸厉害吧，要是你将来也像爸爸一样，我和妈妈就满足了。"没想到，小家伙根本不以为然："我以后肯定比你厉害。"我笑到一半，却发现女儿的嘴巴噘得高高的，特别不开心。

文字 2：

女儿今天帮我洗碗了，我特别开心，于是递给她一个苹果，说："来，这是妈妈奖励你的。"但是我发现，女儿的眼神里似乎有些期待。但我不知道的是，她需要的不是苹果，而是一句鼓励的话。

……

如今，越来越多的家长都觉得自己搞不懂孩子，在自己特别快乐时，经常会因为一句话或一件小事"得罪"了孩子，让小家伙变得不开心。或者明明是想让小家伙开心点，却弄巧成拙，让孩子哭了起来。

开心话可以消除孩子心里的不痛快，一家人分享快乐更可以增加家庭的凝聚力。但是，让开心话既有趣又意味深长却不是一件容易的事情。之所以会出现这样的现象，主要就在于父母与孩子沟通时忽视了“道理”。

首先，要充分肯定孩子的优点。跟孩子讲道理时，要先肯定孩子的优点，对孩子的进步给予表彰和勉励，之后再指出孩子的错误之处。一味地数落孩子、指责孩子，只会让孩子产生自卑心理和逆反心理。

其次，所讲的原理要“公道”。和孩子讲道理时，要通情达理，不能信口胡说。

最后，要给孩子辩论的机会。给孩子讲道理时，有些孩子会对自己的言行进行辩护，大人应当给予孩子辩论的机会。辩论不是蛮横无理，而是要让孩子将事情解释清楚、明确。这样，孩子才会愿意去思考父母讲的道理，理解父母的良苦用心。

方法一：用幽默的方式给孩子讲道理

一次吃饭时，我们每个人面前都放着一杯饮料，女儿在餐桌前手舞足蹈，一不小心把杯子碰倒，饮料洒了出来，幸亏我眼疾手快接住了杯子，它才没掉在地上。

遇到这种情况，家长通常会有两种做法：

一种是孩子闯祸，给自己添麻烦，让自己很没面子，脾气一上来，顿时会训斥孩子：“你老实待会儿不行啊！都洒了，你就别喝了！”孩子听了之后，可能会大哭起来。

另外一种是理解孩子的行为，认为孩子年龄小，不是故意打翻的，就会宽容地说：“没事没事，再倒一杯。”

事情发生后，我很镇定，对女儿说：“宝贝，你没饮料了，现在没喝的了。”

女儿撇撇嘴，说："啊……"

"现在你得把桌子和地板收拾干净。"

女儿听完，拿抹布擦桌子，又去卫生间拿拖把清理地板。她看着别人杯子里的饮料，露出特别羡慕的眼神。收拾妥当之后，她央求我："妈妈，能再给我倒一杯饮料吗？"

我看着她，说："嗯，可以，不过这次你要小心一点。告诉我，怎样才能不把杯子打翻？"

"不能再像这样了。"女儿想了想，挥舞了一下手臂，然后继续说，"也不能把杯子放在桌子边上，放在这里比较好。"说着，她把我的杯子往里推了推。

我窃喜：大功告成。第一，女儿已经尝到打翻杯子的后果——没有饮料喝；第二，她也明白了，要自己承担责任——打扫卫生；第三，如何避免犯同样的错误——吃饭时不能手舞足蹈，杯子不能放在桌子边上。

方法二：遇到问题，要轻松地和孩子谈

讲道理，是许多家长喜欢的教育方式，可事实是，越讲道理，孩子就越不听话。与孩子沟通时，许多大人都喜欢不停地讲道理，但是如何讲才有效果？

有一次，我在家里看书，看着看着觉得太困，就睡着了，眼镜都没来得及摘。醒来之后，女儿问我："为什么睡觉时还戴眼镜？"我灵机一动，说："妈妈做梦也在看书，不戴眼镜看不清楚字呀。"

有段时间，女儿迷上了化妆，不是描个眉毛，就是涂个口红。只不过，她不敢带着妆容去学校，总是悄悄地在家里进行。一天，女儿又在镜子前打底、扑粉、描眉、画眼线……她一边折腾，一边欣赏，心里那个美呀。

看到女儿臭美的样子，我笑道："我家宝贝真的是长大了，学会化妆了，真棒啊！”女儿听到这些，扭过头来，问道：“妈妈，你看我化得怎么样？”

我不看不要紧，一看就笑出了声音来：“这也是化妆啊，要是再涂上口红，你就变成怪兽了。”听我这么说，女儿有点泄气地说：“真有你说的那么难看吗？”

我说：“如果不信，我给你照张相片，你和别人的化妆效果对比一下。”

为了增强效果，女儿还特意摆出了几个姿势。但是当她看到照片时，就决定不再化妆了：“真难看。”

我立刻表示：“我也这样认为，女孩子的漂亮不仅是外表，更多的是心灵美，我希望我女儿是内外兼修的，不仅外表美，更要给内心化化妆，做一个心灵美的好孩子。”

从那以后，女儿就再也不化妆了。

任何孩子都渴望家长可以幽默一些，特别是在讲道理时。家长一定要摒弃那种急于盼孩子成龙、成凤的浮躁，用一种轻松的、幽默的方式从容地处理孩子的问题。

即使担心孩子，说出的话也要灵活变通

生活中，我们总会遇到这样的情况：

孩子的成绩直线下滑，老师已经找你说过很多次，你感到特别忧心，就对孩子说："你不能再这样下去了，我的脸都让你给丢尽了。"可是，孩子的成绩却下滑得更厉害了。

发现孩子成绩下滑时，应当先分析一下原因，之后再有针对性地和孩子交谈，让他明白你的忧心与关心，而不是责骂和训斥。对于一些不适合同孩子当面说的话题，可以采用留纸条、写信、向孩子推荐一篇文章、一本好书等方式进行沟通。

总之，间接式的变通做法，不但能够表达自己的想法，孩子也比较容易接受。

前几天去朋友家做客，正赶上孩子们放学。

婷婷一脸喜悦地回到家，进门就说："妈妈，我们今天考数学了。"

"是吗，这回得了多少分？"

"82 分，比上次高了 10 分呢。"婷婷骄傲地说。

"哦，这回是比上次进步了。对啦，你知道隔壁的扬扬考了多少分吗？"

"好像是 90 分吧。"婷婷有些不高兴地回答道。

朋友似乎没有察觉，接着说："怎么又比她考得差？你就不能再努力点吗？"

"你凭什么说我没努力呢？比上次提高了 10 分，老师还表扬我进步了呢，就你总是不满意！"婷婷生气得提高嗓门喊了起来。

"你为什么这么不懂事，我这不是为了你好吗？看看人家扬扬，每次都考得那么好，哪里像你这样时好时差，也不知道争点气。"

"我怎么不争气啦？你嫌我丢你的脸啦？人家扬扬好，那让她做你的女儿好啦。"婷婷生气地走进自己的房间，"砰"的一声就把门关上了。

可见，孩子的成绩永远都是家长最为忧心的事情。孩子让家长忧心、烦心的事情不少，家长怎样将忧心话说得让孩子乐于接受可是一门学问。因为，好话可以让孩子改掉坏习惯，得到好心境；说得不好，就会让孩子产生逆反心理，甚至变成孩子的"心病"。

俗话说："子女好与坏在于沟通和关怀。"家长要学会和孩子沟通的艺术。没有两代人之间正常的心理沟通，就没有有效的家庭教育。为人处世需要变通，跟孩子沟通更离不开变通。要学会利用身边的景、物、社会生活等来促进和孩子心灵间的交流。

方法一：换一个角度和孩子沟通

上面的案例，完全可以变为另外一种场景：

女儿说："妈妈，我们今天考数学了。"

朋友说："是吗，妈妈相信你这次一定比上次考得好。"

女儿回答说："82 分，比上次高 10 分呢。"

朋友说："都提高 10 分啦，太了不起了。我说了你很有潜力，妈妈相信你一定还会有提高。"

听到大人的鼓励后，孩子定然会很兴奋，这样的对话才可以顺利进行下去。

身为父母，在孩子取得成绩时，一定要和孩子一起高兴，给予孩子表扬和鼓励，让孩子体验到成功的喜悦。如此，不但可以让母子关系更加密切，还能激发孩子的学习动力，让孩子更加努力。

在孩子遇到困难和失败时，要给孩子支持和安慰，不要雪上加霜地数落孩子，如此，孩子才会有信心。

如果发现孩子不高兴，也不要埋怨和唠叨，要引导孩子将烦恼和痛苦宣泄出来，让孩子察觉到父母的关爱。时间久了，孩子就可以感受到父母像伙伴、朋友，就会在心里接受你，就会主动和你交流，并且按照你的建议去做。

站在孩子的角度想问题，是对孩子的尊重，是有效沟通的一种重要技巧。如此，可以避免和减少双方的戒备和猜疑，弱化和消除对话过程中的不愉快，让我们更好地了解对方，从而让对话朝着期望的方向进行。

大人有自己的世界，孩子同样有自己的世界，这两个世界是完全不同的。孩子虽小，可是也有自己的一片小天地，有自己的喜怒哀乐。硬要用大人的方式去对待孩子，定然会出现众多亲子关系上的矛盾和不愉快。

要使双方有良好的沟通，家长就要学会放弃自己的成见，从孩子的角度思考问题。不顾及孩子的想法，沟通只会处于停滞状态。

方法二：即使再忧心，也要给予信任

无意中发现孩子早恋了，有些家长会特别担忧，有的会在网上用匿名的方式跟他们聊天，了解他们的思想动态；父母这样做的初衷本来是为了孩子好，目的还是为了管教孩子、保护孩子。但是，大多数孩子对此非常反感，丝毫不领情。

亲子沟通，离不开信任。信任，是坚信别人的诚实、正直和可靠。亲子沟通时，身为家长，即使再忧心，也要充分地信任孩子。我曾在报纸上看到这样

一个小故事：

女儿琳达放学回家后，抱怨今天老师当着全班同学的面大声斥责她。

马丁太太听后，把腰一叉，用质问的口气说："你干什么坏事了？"

琳达瞪着眼睛，生气地说："我什么也没干。"

"不会吧，老师从来都不会无缘无故地斥责学生。"

琳达重重地坐在椅子上，一脸不开心地盯着妈妈。

马丁太太继续责问："你打算如何解决这个问题呢？"

琳达倔强地说："什么也不做！"

如果再这样问下去，母女之间一定会对立起来，到最后什么问题也解决不了。这个时候，马丁太太转变了她的态度，用友好的语调说："你当时一定觉得非常尴尬，因为老师在全班同学面前斥责你。"琳达惊讶地抬头看了妈妈一眼。

马丁太太接着讲："我上四年级时，也发生过类似的事情。算术考试时，我站起来借了一支铅笔。老师以为我作弊，批评了我，这让我很没面子，我当时也特别气愤。"

琳达露出轻松的样子："真的？我也只是在上课时想借支铅笔，我觉得事情很简单，可老师却教训了我，真不公平。"

"是这样啊。但你能不能想个办法，今后避免这样的尴尬局面呢？"

"多准备一些铅笔，就不用打断老师讲课，去和别人借。"

"这个主意不错！"

父母和孩子之间的相互信任是亲子关系中最重要的方面，不信任会让关系中出现抵触现象并直接影响教育质量。所以，身为父母，一定要用正直、诚实的行为去获得孩子的信任。

批评孩子，要客观公正

孩子的成长就是不停地尝试、改正错误的过程。对于孩子来说，许多错误的出现都是因为他们缺乏经验、缺少成人的理智和判断力。

世界上没有哪个孩子不犯错误，孩子犯错误之后家长应当对孩子进行批评教育。当然，批评孩子只是为了帮助他们认识错误、找到正确的方向，而不是为了贬低他们。切实、有效的批评一般都能打动孩子的心，简单、粗暴的批评非但不能让孩子认识错误，还会让孩子产生逆反心理。

一对中国夫妇带着9岁的女儿去德国工作，女儿在当地的小学就读，不料被同班的德国小男孩“爱”上了。一天，女孩感冒没有来上学，小男孩在班上大哭大闹，说她不上学，他也不上学了；还说他一定要和小女孩结婚。老师实在没办法正常上课，只好通知家长将男孩领了回去。

回到家里，父母弄清男孩哭闹的原委，对他说：“你的想法很好，但结婚需要婚纱、西服、戒指，还要房子、汽车，你现在什么都没有，如果想和中国小姑娘结婚，现在就得好好学习，未来去挣大钱。”小男孩听了这一席话破涕为笑，乖乖地上学去了，再也没有哭闹，一场风波就此平息。

听到这则故事时，我忽然想起我国著名教育家陶行知先生曾说过的一段话："在教育孩子时，批评比表扬还要高深，因为批评一定要讲究方法，这是一门艺术，用得好，比表扬的效果还有用。"从上面这个故事中，我又一次理解了陶行知先生这段话蕴含的哲理。在教育孩子这件事上，处处留心皆学问。

批评孩子也需要客观公正。

方法一：正面引导，艺术地批评孩子

孩子犯了错，是该评估，还是打骂？我的答案是：给予孩子正面的引导。

夜里，妻子推醒周可，声音有些不自然地说："今天派出所找过我，咱们儿子和几个同学在超市偷东西被警察带走了。"

"真的？"周可大吃一惊。

"警察说的，他们也都承认了。"

周可听了妻子的话，怒火中烧，恨不得马上冲到儿子的房间，狠狠揍他一顿，可是理智没让他这样做。

儿子刚满12岁，之前从来没有出现过这种事情，鉴于这次是初犯，如果可以通过批评教育及时正确地引导，比打他一顿的效果会更好。周可冷静下来之后跟妻子商量："这样吧，你先和儿子谈谈，我暂时先回避，之后我再找机会和他谈。你跟他谈的时候，注意正面引导，千万别说一些冷言恶语去刺激他，更不能动手打他、骂他。"

三天后的一个中午，周可提前下班，没过一会儿，儿子也放学回来了。周可将一份《法制报》递给儿子，上面登着一篇关于"少年犯"的文章。儿子看完，周可趁热打铁，从一条小虫毁了一艘大船的故事说起，然后跟儿子分析盗窃者的心理：今天偷一块钱，明天就想偷十块钱，渐渐地，越偷越多，最后受到法律的制裁……儿子听得很认真，边听边不断地点头。

十天后，派出所把儿子盗窃挥霍掉的东西折合成人民币，近1000元，并

责令限期退赔。儿子知道这个消息后哭了，他知道去年因为买房，家里资金很紧张，父母每个月的一大半工资要还房贷，再加上日常生活开销，根本没有多余的钱。

吃完晚饭，周可对儿子提起此事，先说如何做人、遵纪守法的道理，最后语重心长地说："尽管这段时间咱家用钱紧张，但这些钱，就算是借，我也会替你赔上。不过今后你必须记住两点，一是要吸取教训，以后坚决不能再做这样的事，二是要把所有心思都用在学习上，严格要求自己。"

儿子听后，对周可说："爸爸，您放心，我记住了。"

从那以后，儿子真的变了，那个学期结束后，他还捧回了一张奖状。

批评也是一门艺术，批评孩子时，一定要抓住要害，严肃认真、简明扼要地指出孩子的错误后，要用肯定的语言，比如"你是有出息的""肯定会争气"等给予正确引导，指明出路。

方法二：批评孩子时，要给孩子一个解释的机会

发现孩子犯了错误，许多家长都会摆出严肃的态度，对孩子进行批评。其实，任何事情的发生都有一定原因，在批评孩子之前，最好先给他一个解释的机会，让孩子把事情的前因后果说明白。若确实是孩子的错，就要进行积极的引导；若不是孩子的错，最好跟孩子好好沟通一下。

有一次，我下班回家，在小区门口遇到了婷婷。她一个人坐在小区门口，怀里抱着一只猫，看样子好像是刚哭过。婷婷跟我女儿年龄差不多，总会到我家玩儿，和我比较熟。

我上前询问，知道了事情的原委：

婷婷妈下班一进家门，一只小花猫就跑到了她的面前，她以为自己进错

门了，出门抬头瞅了一眼，这明明就是自己家啊。她最不喜欢在家里养小动物了，现在一看到这猫，浑身都是鸡皮疙瘩。

这时婷婷从屋子里走出来，说："猫咪，你在哪里？"婷婷妈看到女儿，大声质问："你从哪儿弄的猫？"婷婷说："同学家的，她家的母猫下了几只小猫，送给我一只。"

听了女儿的话，婷婷妈气不打一处来："谁让你往家里带猫的，你不知道小动物身上可能带着细菌吗？将家里弄得臭烘烘的，你收拾吗？快还回去！"

婷婷被妈妈的语气吓住了，急忙抱着猫下了楼。她坐在小区门口的椅子上，不知道该怎么办……

听到这里，我问婷婷："妈妈不喜欢在家里养小动物，你是知道的，怎么还要把猫带回家？"

"我看奶奶整天一个人在家，太孤单了，就和同学要了只小猫，打算周末给奶奶送去。"

"哦，原来是这样。"

我把婷婷送回家，然后跟婷婷妈说了事情的原委。她这才明白女儿的良苦用心，决定先把小猫在家留上几天。

不给孩子解释的机会，粗暴地指责孩子，不但会让孩子对家长失去信任，还会激发孩子的逆反心理。所以，在孩子犯错误时，家长一定要给孩子一个解释的机会，多听听孩子的解释，不要急着下结论，更不能一上来就批评孩子。

Chapter 5

优秀品质培养，抄近道不可靠

好品质培养，靠的是耳濡目染

儿童时期是塑造孩子的好性格、培养优良品质的关键期。每个孩子都是一张没有色彩的白纸。这张白纸未来是一幅画，还是一片涂鸦，很大程度上都取决于白纸上的第一笔。这一笔会为白纸确定基调，这一笔就是孩子的一生。

孩子能否成为对社会有用的人，能否取得成功，在很大程度上取决于能否具有美好的品质。可是，品质是一个长期积累的过程，是一个日益沉淀的结果，仅靠几堂“品质教育课”，任何人都无法获得美好且全面的品质。

女儿班里有个男孩。在夏天，整个班里只有他一个人穿着黑面布鞋，冬天时只有他穿着中山装，只有他会将圆珠笔油写得一滴不剩。

在所有的同学中，男孩的相貌并不出众，但他的成绩总是遥遥领先。最难能可贵的是，他还是班里最勤劳的学生。每天放学大家背着书包回家时，他总会自觉地留下来，将教室打扫得一尘不染后才步行回家。

男孩身上的美好品质引起了我的关注，我想：品质如此优秀的好孩子，家庭教育一定是非常严格的，说不定家里还有专门的家庭教师呢。

我从女儿班主任那里得到男孩的家庭住址，之后找到了他。在看到他的那一刻，我感到特别惊讶：在高楼林立的城市中，竟然还有这样一个城中村。我看到他时，他正在洗衣服。看看男孩的生活环境，看着周围朴实、辛劳的人们，我马上就明白了：他身上的美好品质，并不是特意培养出来的，而是经过日积月累的熏陶、积淀得来的……

品质美好的孩子，有时候并不是靠人培养的，而是从小的成长环境使然。他们每天接触到的不是锦衣玉食，不是绫罗绸缎，而是一群朴实、勤劳的人们，在这里，没有人可以不劳而获，也没有人铺张浪费，更没有人骄纵霸道……所以，身为父母，在培养孩子美好品质时，一定要注意无声胜有声的环境教育法，让孩子在耳濡目染中受到熏陶。

方法一：以身作则，做品质高尚的父母

李本上小学三年级，他有一个明显的缺点，就是特别喜欢打架和说脏话。

有一天，李本和班里一名男生发生了矛盾，接连骂了对方几句难听的话。那个男生怒了，就动手打了他一拳。于是李本连打带骂，将那个男生打得口鼻出血，被同学拉开才罢休。事后，李本爸被叫到了学校。

李本爸来学校了解情况后，走上前挥手打了儿子几拳，嘴里还骂骂咧咧："你这个臭小子，竟给我惹事，你小子是活腻歪了啊？真是个猪头。"李本爸气急败坏，全然不顾围观的同学和老师。

老师上前制止了李本爸，请他坐下来，耐心地和孩子交流。

"以后别再骂人了，不许打架，知道吗？你这个不争气的东西！"李本爸火气渐小，但依然教训着儿子。

看到爸爸住了嘴，李本不服气地低声嘟囔："你可以骂人，为什么我就不行？"

李本爸听到儿子的话，回头怒视着他："你说什么？再说一遍！"

老师见此情况，赶紧说："李本，你先回去。"然后让李本爸坐下来，和他聊起了关于孩子的教育问题。

孩子不文明的语言一般都来源于周围的环境，要想让孩子变成一个文明礼貌的人，首先要让孩子周围的语言环境干净。发现孩子说脏话，要找出孩子说脏话的根源，尽量让孩子远离或者少接触那种不良环境。比如，有意识地限制孩子和经常说脏话的同学来往；和教师联系，借助老师的力量去促进孩子养成文明礼貌的习惯。

方法二：积极引导孩子，让其做个小绅士

一个偶然的机会，我认识了一个优秀的小男孩，他叫奔奔。

奔奔今年12岁，聪明活泼，成绩优异，是老师和家长眼中的好少年。而让老师和家长感到欣慰的，是奔奔身上自然流露出来的绅士风度。

不管是在家里还是在学校，或者在其他公共场所，奔奔从来都不乱发脾气，不大吼大叫，遇到事情也不惊慌，对待任何人都是彬彬有礼。人们都说，看其行为举止，简直就是一个小大人。所以，奔奔也就成了很多家长用来管教孩子的榜样。

我问奔奔妈："你是怎样教育出这么一个小绅士的？"

奔奔妈说，奔奔虽然是独生子，但是在家里从来没有享受过小皇帝般的待遇，而是和家人一样，吃东西平均分，家务活一起做。夫妻俩除了给儿子讲些文明礼仪方面的故事，更会以身作则，为儿子做出最好的表率。

我对这位母亲竖起了大拇指。无疑，这是一位聪明的母亲，教育出了一个懂礼仪、有教养的好孩子。我不禁想起了微博下面的几条留言：

网友A说："我女儿简直太无礼了，小时候太娇惯，导致现在非常淘气，行为粗暴、富有攻击性。平时还算乖巧懂事，要是赶上她情绪不好，稍微一点小事就会乱发脾气，还摔东西，真是让人头疼。我要是说上几句，就和我大吵大闹，没完没了。”

网友B留言：“我家孩子，每天都是莽莽撞撞，不是磕这儿就是碰那儿，在家里和家里人吵架，到学校和小朋友发生冲突，最气愤的，还总和老师顶嘴。”

网友C说：“我希望孩子举止得体，但他总是张牙舞爪的，真没办法。”

……

现实生活中，“野孩子”变成了父母、老师乃至整个社会亟待解决的一个重要问题。

让孩子行为举止优雅得体，是许多父母所关注的，也是家庭教育的重点。事实证明，凡是彬彬有礼、待人谦和、衣着大方得体、谈吐高雅不俗的人，一般都有良好的人际关系，更容易得到大家的喜爱和尊重，更容易取得事业上的成功。因此，父母一定要从自身做起，为孩子树立一个好榜样。

爱心：博爱才是真正的爱

爱心，是人性中最美丽、最暖人的光环。孩子的爱心是通过自然而然的模仿及潜移默化的影响逐步形成的，是一个从外到内、从量变到质变的过程。在这个过程中，家庭是最重要的爱心培育基地，父母是最直接的爱心播种者。

从小，李霞就生活在一个普通的家庭中，父母都是普通的劳动者。结婚之后，家庭条件虽然算不上太差，不过因为婆婆长年卧病在床，日子过得紧巴巴的。尽管如此，李霞仍感觉自己很幸福，因为她的家庭中到处充满了爱心。

当了母亲后，李霞一直都渴望自己的女儿能够成为一个有爱心的人。每天下班回家之后，李霞都会先照顾婆婆，之后再去做饭。丈夫回家后，三个人就开始匆匆吃晚饭。饭后夫妻俩还要忙着给婆婆擦身，换洗衣服。耳濡目染之中，女儿也帮父母做一些力所能及的事，以减轻他们的负担。

李霞一直告诉女儿："一个家里可以没有钱，但一定不能缺少爱。"

眼看母亲节就要到了，女儿想送给李霞一份礼物，可是平时没有什么零用钱，没法买像样的礼物，只能自己动手制作了一张卡片，打算给李霞一个惊喜。

母亲节那天，一放学，女儿就早早回家将房间打扫得干干净净，先喂奶奶吃药，再将脏衣服放进洗衣机中。李霞下班回到家后，女儿将卡片交给了她。看到孩子如此懂事，李霞特别感动。饭后，女儿倒了一盆热水，动手帮李霞洗脚："妈妈，今天是母亲节，我没办法送多好的礼物给你，可是我希望能为你洗一次脚。"

看着如此懂事体贴的女儿，李霞和丈夫，还有老人，都感到特别欣慰。

世界上什么东西才是最珍贵的？是洋溢在脸上的自信和长在心底的爱。很多时候，爱心比自信更为重要。充满爱心的孩子，才会和身边的人有较少摩擦，才会成为最幸福的人；充满爱心的孩子，人际关系才会更和谐，才会得到更多的帮助和机会。

方法一：让孩子设身处地地为别人着想

一天，女儿放学回到家，一句话都没有说。我看女儿的情绪不太好，以为她生病了，就问女儿哪里不舒服。

女儿听我这么问，就小声地抽泣起来。我有些担心，询问女儿到底发生了什么事。女儿哭着告诉我说："班上有个同学患了白血病，治疗要花很多钱，可是他家里没有那么多钱。"

我明白了女儿的意思，问道："咱们能否给他捐些钱看病呢？"

"能。"

"那你别哭了，你说捐多少，我们就捐多少。"我劝女儿道。

"我不是因为这个哭，一想到他爸妈担心的样子，我就想哭。"

后来，女儿把自己小储蓄罐里的钱全部捐了出来，我和丈夫也捐了钱。

只有学会站在他人的立场、角度去考虑问题，才会理解他人的想法和行为，才会对他人的痛苦感同身受，才会做出一些善良的举动。在孩子很小的时候，就要教他做个善良的人，学会设身处地地为别人着想。只有这样，孩子才能对别人的苦难感同身受，伸出友善之手。

方法二：把爱心教育放在第一位

爱是人类最为美丽的语言，孩子的爱心就像是春天播下的种子，只有对孩子进行爱心教育，才能让孩子学会体贴别人、关心他人。有了这样的爱心并延续下去，孩子将来肯定可以成为一个善良的人。

夏季的一天，我带着女儿逛街，看见一个十几岁的小女孩跪在路边，面前放着一个纸盒，下面压着一张纸，写着“求钱给母亲看病”。纸上的字女儿当时认不全，但隐约明白是怎么回事。

女儿拽了一下我的手，示意我去看看。我问她：“你是不是想帮助这位可怜的大姐姐？”女儿点了点头。之后，我掏出一块钱递给女儿，她转身将钱放到了跪地乞讨的女孩面前的纸盒子里。

现实生活中有很多类似乞讨的人，年龄小一些的孩子面对这样的情况往往容易心生同情。为了培养孩子的爱心，父母即便觉得乞讨的人是骗子，也不要加以阻止。等他们慢慢长大，经历、接触的事情多了，自然可以分辨出真假。

诚信：一次诚信并不难，难的是坚持

情景1：

小城："小颜，你不是答应我，今天把《秘鲁寻宝记》和《芬兰寻宝记》带来还我吗？你到底看完了没有？已经过了两个多礼拜了。拖拖拖，早知道就不借你了，说话不算话。"

小颜："小威，不好意思、不好意思。我出门之前真的忘带了，下星期一定会带来还你。"

小城："还下星期呢，那我星期六怎么办呢？我已经答应要和罗大同交换，看他的《捷克寻宝记》和《波兰寻宝记》了，要怎么换？"小威气得双手叉着腰，怒视着眼前这位老是说话不算话的小颜。

情景2：

小可："奇怪，我们不是约好了12点在麦当劳的大门口见吗？怎么现在还没看到小颜的人影？该不会又放我们的鸽子吧？"

小城："嗯，说不定。他总是这样，说话不算数，这次要不是你答应让他参加，说真的，我根本不会考虑让他来。"

小可：“那怎么办？我们到底要不要继续等？还是我们先进去点餐，不管他了？”

情景3：

小城：“什么，海报你竟然还没有画？那等一下轮到我们这组上台怎么办？你不是答应了我们你来负责画海报吗？还口口声声说，画海报你最擅长，平面设计你最强，还让我们别担心？”

小颜：“我昨天回去觉得特别累，本来想先眯一会儿，然后再起来画的，可是没想到，一觉睡到了今天早上……真是太对不起了。”

小城：“因为你没把海报做出来，现在整组都跟着受牵连。你不是不知道，没准备海报，会被扣掉多少分。早知道这样，当初就不应该让你加入我们这组，不应该相信你说的话。”

……

守信是一个人立足社会的必备条件，若孩子在团体里不守信用，会严重损害他的人际关系。所以，作为父母，在教育孩子时，千万不能够忽略了这一点。

守信，是个需要长期坚持的过程。一次两次的守信，只能说明孩子不错；可是，一旦孩子出现了失信的行为，就会给他人留下恶劣印象。即使过去孩子确实做过很多守信的事，也会因为这一两件不守信的事而影响到后面的人际交往。既然要培养孩子守信的品格，就要让他慢慢坚持下去。

方法一：反复要求孩子，做个诚实守信的好孩子

诚信是人的立身之本，父母应当对孩子加强诚信品质的教育，从小就教育孩子守信用、负责任。告诉孩子，一个言而无信的人，是没人愿意和他合作的。为了强化孩子的行为，就要不时地提醒他，不能只说一次就算完事。

女儿从小就被我教育要做一个守信用的人。说到诚信教育，我还是得益于一位外国朋友：

女儿大概两三岁的时候，一位美国朋友应邀来到我家做客，当时她还带了自己8岁的女儿露西。快到中午的时候，我突发奇想地对朋友说："今天我做西餐给你们吃吧，你们尝尝我做的西餐好不好吃。"

露西可能觉得我做出来的西餐会不好吃，于是就用不太流利的普通话说："我不吃。"后来，当我把做好的披萨和冰激凌端上来时，露西的眼睛瞪得大大的说："冰激凌看上去很好吃的样子。"

冰激凌我是按份做的，因为当时露西说不吃，所以我就没做她的那份，现在她要吃，于是我说："这样吧，你吃我这份。"

没想到我的提议被朋友严厉拒绝，她说："不！她说过她不吃，所以她不能吃冰激凌。"

露西赶忙说："我要吃。"朋友不同意。小女孩急哭了，朋友依然不让她吃。

身为父母，我们有责任教育孩子答应别人的事一定要兑现。更为重要的是，诚信品质的教育一定要从孩子小的时候开始进行，并且坚持不懈。为了让诚信成为孩子的一种优良习惯，父母可以买一些关于讲诚信的书籍，或者给他们讲一些名人诚信、正直的故事。针对社会上那种坑蒙拐骗的行为，一定要态度鲜明地进行批判，要让孩子坚信，弄虚作假的行为一定会受到惩罚。如此，孩子长大之后才能成为光明磊落的人。

方法二：诚信教育，贵在坚持

诚信教育是需要长时间积累的，一次诚信并不难，难的是让孩子坚持诚信这个美德，将诚信当作自己生活的一部分。能否坚持下去，是培养孩子诚信最为关键的因素，父母坚持了，孩子也坚持了，好品质也就水到渠成了。

很多时候，父母并非不知道诚信的重要性，也不是不能付出足够的耐心，只是在面对孩子含泪乞求时特别容易心软。其实只要父母能够坚持，孩子也一定可以坚持。

表妹和表妹夫在外地做生意，4 岁的小外甥长期生活在爷爷奶奶家。家里就他这么一个孩子，以至于他被爷爷奶奶宠得不行。

有一年过年，表妹带着小外甥来我家小住了几天。那段时间，我发现小外甥有说谎的毛病。一次，他在书房里玩，我和表妹在客厅里聊天，突然书房里传出“咣当”一声。我跟表妹赶紧去书房看发生了什么事。当时小外甥站在书桌旁，桌上的花瓶掉在地上，满是玻璃碴儿。见我们进来，小外甥立刻说：“大姨，不是我弄坏的，我在那里看书，它自己就掉到地上了……”

小外甥刚说到这儿，表妹走上前，拉着他的手说：“儿子，你还记得妈妈给你讲的那个故事吗？”小家伙沉默了一会儿，低着头走到我的面前，说：“大姨，对不起，我是不小心把花瓶打翻的。”

我摸着小外甥的头说：“知错能改就是好孩子。”

然后，我们一起把满地的玻璃碴儿收拾好。事后，表妹告诉我：“过去我们对孩子关心不够，后来无意中发现孩子爱说谎。就像刚才，那么明显的事，他还想着替自己狡辩。为了帮他改掉这个毛病，我们也绞尽脑汁想了不少办法。”

诚信，是孩子最为基本的品质，也是孩子立足社会的必备条件。言而有信，是对孩子最好的评价，并且会影响孩子的一生。所以，有智慧的父母应该引导孩子从小就做一个诚实守信的人。

责任感：多鼓励孩子做力所能及的事

前几年，我在市里给家长做了一次讲座。结束后，一位家长对我说："我家儿子已经上二年级了，可是一点责任心也没有。昨天早上，孩子对我说：'妈，今天我们大扫除，轮到我用长扫把扫屋顶了。'顿了顿，儿子又道，'可是我不想扫，扫屋顶尘土飞扬，吸到肺里不好，会特别不舒服，而且又累。你能不能给老师打个电话，就说我今天不舒服，让老师把这个工作安排给别人。'我听了儿子的话，失望地摇摇头。因为他在家里同样如此。写完作业，不懂得收拾书包，每天都是我帮他收拾。"

这位家长刚说完，另一位妈妈无奈地对我说："我家妞妞也是，没有责任心。每次玩完了玩具，从来不会主动收拾，跟她说多少次都不往心里去。你说她长大了也这样，可怎么办啊？"

妞妞妈话音刚落，其他家长纷纷点头，一个个都急着问我有什么好方法可以培养孩子的责任心。

我想了想，向在座的家长提了一个问题："如果你家孩子不愿意收拾自己的东西，你们一般会怎么处理？"

一位爸爸说："我会先好好地和他讲道理，如果他不听，我就会严肃地批评他。"

一位妈妈皱着眉头说："没用。道理我都说过，批评我也试过，但他还是不听。”

我随即问她：“那你最后是怎么做的呢？”

“还能怎么做，只能我来收拾呗。”

妞妞妈好像找到了知音，急忙附和说：“是啊，只能大人来收拾，总不能让家里一直乱着吧。”

一位爸爸突然站起来说：“你们这样怎么能行？”

“那你说怎么办？”两位妈妈异口同声地问。

“我可没你们那么有耐心，我女儿要是不听话，我一定会骂她的，她在我面前从来都是乖乖的。”

……

古往今来，有责任心、懂得担当是一个人立足社会、取得事业成功的重要品质。正所谓：“能力不足，责任可补；责任不够，能力无法补；能力有限，责任无限。”能担当多大的责任，就会得到多大的成功。因此，身为父母，一定要从孩子呱呱坠地开始，就给孩子正确的引导，让他们做些力所能及的事，在做事的过程中逐渐培养责任感，成长为一个有责任心的人。

方法一：多给孩子创造承担责任的机会

别看我女儿年纪不大，却是我们家专门负责倒垃圾的人，每天早晚她都会检查各屋的纸篓。如果发现满了，就系好垃圾袋，扔到楼下的垃圾桶里。这习惯大概从她 5 岁时就养成了，如今已经坚持了好多年。

那年，不知道什么原因，她忽然对倒垃圾产生了兴趣，每次一看到家里的纸篓满了就赶紧收拾。那个时候，为了提高她参与家务劳动的兴趣，同时培养她的责任感，我跟丈夫每次都对她主动倒垃圾的行为予以表扬，说她能干、勤快，有机会的话还会在外人面前称赞她。

坚持了一段时间后，慢慢地，女儿把倒垃圾当成了习惯，甚至把这件事当成自己的责任。

不是任何一个孩子生下来就有责任感的。身为家长，一定要有意识地给孩子提供承担责任的机会，让孩子积极地参与到家庭生活的各个方面，让孩子感觉到他不是家里的客人而是主人。孩子体会到他在整个家庭里并不是可有可无，的确被整个家庭需要，对家庭的责任感也会油然而生。

自然，除此之外，还可以在别的方面进行引导。

女儿出门，我从来都不会像别的妈妈那样对她大喊：“慢点，看车！”反倒女儿像小大人一样拉着我的手说：“妈妈，小心点。”“妈妈，过马路一定要看车，走人行道。”……表现出一副生怕我迷路和发生危险的样子。每次我带着女儿逛超市，她都会帮我推购物车，买完东西出来，她还会帮我拎些东西。

邻居看到女儿小小年纪就这样懂事，总是问我：“你的孩子是怎么教出来的？”其实，方法特别简单，每次出门时，丈夫都会叮嘱女儿：“闺女，妈妈平时很辛苦，我不在的时候，你要替我多照顾妈妈啊。”我也会顺势点点头，说：“妈妈是个路痴，出门时你一定要记得提醒我。”买东西时，我也会故意说：“东西太多、太重，妈妈有点累了。”……每次女儿帮我做事后，我都会在她爸面前大大夸奖她一番：“有个女儿真好！”

孩子的责任感是在反复实践中逐步形成的。所以，家长要给孩子创造机会，将日常生活中的一些小事作为“任务”分配给他们，让他们意识到自己有能力将其做好，进而提升自我价值感。

方法二：在培养孩子责任感的道路上，一定要多鼓励

李甜是位有耐心的好家长，在培养孩子责任感的这条道路上，她坚持了大半年，终于将孩子从一个“小皇帝”变成了人见人爱、有担当的好孩子。

儿子是家里唯一的孩子，身边一群大人随时“候命”。时间一长，他俨然成了衣来伸手、饭来张口的“小皇帝”。随着儿子年龄的增长，李甜想：如果情况一直这样下去，儿子将来一定会越来越懒。

李甜给儿子做了一张表，列出了孩子每天一定要完成的事情。孩子比较小，李甜给儿子定好，每天起床后，自己叠被子、叠衣服。她还对儿子说：“你是小男子汉，一定要从小养成自己的事情自己做的好习惯。”

刚看到这个表格时，儿子觉得特别新奇，马上就开始叠衣服、叠被子。儿子将衣服叠好后，李甜就会在后面打个钩，并竖起大拇指。儿子看到后开心极了。

第二天，儿子却不愿意做这些事情了，可是在李甜的鼓励下，儿子还是将自己的被子和衣服叠好……这样反复了三四个月，现在几乎不用李甜说，儿子也会主动将自己的衣服、被子整理好。

看到儿子的表现，李甜特别欣慰。接着又给儿子安排了新的家务活，并且鼓励儿子坚持下去。

没有责任感、没有价值观的孩子，找不到自己在社会中的地位和重要性，就会感到迷惘，进而失去进取的动力，并被其他一些物质性的、轻浮的事物所吸引，沉溺其中。

在培养孩子责任感这一点上，不能急于求成，否则最终不是孩子厌烦，就是不了了之。其实，培养孩子责任心是一件特别简单的事，只要你多给孩子鼓励，孩子就会对自己更有信心，事情也会办得越来越妥当。

自信心：不同的年龄段就要做不同的事

相信自己是什么，就会是什么；心里怎样想，就会成为怎样的人。对此，古希腊哲学家苏格拉底曾说：“一个人能否取得成就，取决于是否具备自尊心和自信心两个条件。”可见，自信心对于孩子未来的成功起着举足轻重的作用，正所谓“谁拥有了自信心，谁就成功了一半”。所以，为了增强孩子的自信心，就要根据孩子的年龄阶段为他们安排不同的事。

我们楼上住着祖孙三人，爷爷、奶奶和一个 8 岁的小孙女。小女孩的父母都在外地工作，平时她经常下楼和我女儿一起玩，因此两家走动得比较多。

一天晚上 7 点多，小女孩的奶奶来我家接她，可两个孩子还没玩够，于是我和老人在客厅聊天。老人今年五十多岁，是个退休的小学老师，而且很健谈。我俩聊着聊着就聊到孩子的话题，老人说：“你姑娘聪明又好学，我孙女除了玩的时候活泼一点，在学习上总是闷闷的。”

“她是不是上课的时候听不懂老师讲什么呀？”我对老人的话感到费解。

“她的数学成绩很差。有一天她放学回来做数学题，有三道应用题她说不会做。我原来也教过小学数学，我看了看，给她讲了两三遍她才弄明白该怎么做。做完之后，她爷爷叹了口气，说她笨，这么简单的题都不会。她听了，低着头回自己房间去了。再后来，她很少问我数学题，每次问她会不会做，她都说会，但一考试，分数就特别低。”

我明白孩子为什么会出现这种状况，不得不说，她的爷爷真的做错了，他的话严重挫伤了孩子的自信心，任何一个孩子在听到别人说自己“笨”时，都会像被霜打了似的。更重要的是，如果教育孩子时你是个急性子，一点耐心也没有，那么情况就会变成你越着急、越催促，孩子越自卑、越反抗。所以，唯有注意、注意、再注意，坚持、坚持、再坚持，才有可能逐渐实现培养孩子自信心的目标。

方法一：经常给孩子暗示，让他们相信自己是最好的

在我们小区有这样一个男孩子：他是一名高中生，不但成绩优秀，其他方面也都如此。美中不足的是，男孩的左脸上有片特别醒目的胎记，从眼角一直延伸到嘴角，颜色是青紫色，猛然一看特别吓人。但是，男孩没有因此而自惭形秽，总是面带笑容，自信谦和，老师同学都喜欢和他交往。

有一次，我在小区遇到这个男孩。因为平时比较熟，我就问了他一个敏感的问题：“为什么胎记没给你造成心理阴影呢？”男孩说：“怎么会？从小我爸就告诉我，在我没有出生之前，他向上天祈祷，希望上帝赐给他们一个有特殊才能、与众不同的孩子。上帝听到了他的祈祷，在我出生时，让天使吻了吻我的左脸，做了一个标记。这样，他才能在众多婴儿中认出我，准确地把我送给我的父母。我脸上的胎记是天使的吻痕，这是幸运的标记。小时候，陌生人第一次见到我，脸上都会露出惊讶的表情，我都把它解读为羡慕。我是上帝送给父母的最独特的孩子，因此，从小我就特别努力。长大之后，我知道父母那些话是为了安慰我，但我依然自信、乐观。”

听完他说的话，我突然特别佩服这位父亲。有这么一位富有智慧的父亲，男孩真幸福！本来是个不怎么幸运的孩子，却因为父亲成功的心理暗示，成长为一个健康、自信、优秀的孩子。

如果孩子做事缺乏信心，自卑感特别强，就要多肯定他们的微小进步、指出他们的闪光点。在孩子面临困难和挫折时，还要引导他们进行积极的自我暗示："我能行""我再努力一下就能做""我不会被困难吓倒"……

方法二：培养孩子自信时，不能急于求成

可欣的女儿之前数学成绩很差，平时作业也不好好写，写出来的字又乱又糟，老师还因为这个批评过她。可欣感到很着急，多方咨询后，就给女儿买了一套钢笔字帖，对女儿说："每天你写完作业后练习 5 页，坚持一段时间，你肯定能把字写好。"

起初，在可欣的督促下，女儿特别听话，每天晚上写完作业都会老老实实写 5 页钢笔字帖，可欣也深感满意。可没想到女儿三分钟热度，新鲜劲儿一过就开始偷懒，不是不写就是糊弄。可欣看着女儿这样，有时候忍不住会冲女儿大吼："连字都练不好，将来你还能有什么出息！"女儿听了十分委屈。

看女儿每天练字态度不好，也没有多大起色，可欣索性就不再督促女儿练字了。女儿见妈妈如此，自己也就慢慢放弃了。又过了一段时间，可欣发现女儿变得畏首畏尾，越来越不自信，甚至有时候还表现得特别自卑。这下她更犯愁了。

很多父母会疏于鼓励孩子，殊不知，每个孩子都需要不断地被鼓励，父母的信任和鼓励对孩子来说是一种无形的激励，可以驱散他们心中消极的方面，让他们变得自信。尤其是当他们试着做一件事而没有成功时，父母更要避免用语言、行动提醒他们是失败者，因为即便是成人，也有做事失败的时候。父母要明白：孩子做事失败，并不意味着他们无能，只不过是因为他们还没有掌握做事的技巧罢了，一旦把技巧掌握了，他们肯定可以将事情做好。父母若不了解这种情况，采取指责的态度对待孩子，他们就会怀疑自己，这时再想建立起他们的自信心，就更是难上加难。

战胜自己：在点滴事件中，引导孩子战胜自己

古话说："千千为敌，一人胜之，未若自胜，为战中上。"意思是，如果用一个人的力量去战胜成千上万的敌人，那是勇猛的战将，而只有战胜自己的人，才能成为真正的元帅。换言之，最大的敌人是自己，只有战胜自己，才能百战百胜，取得最后的成功。

每个人对自己都会存在一种本能的首肯，这无可厚非，但不得不说，每个人也都存在这样或那样的缺点和不足，却很难认清，所以，身为家长，我们的责任之一就是要在日常生活中帮助孩子发现他们自身的缺点和不足，鼓励他们勇于改正，战胜自己，为日后的成功奠定基础。

王根是一名高中生，他喜欢绘画、擅长写作文、能演讲，还会主持节目，在省、市都小有名气。可是，在这个出众的少年身上所反映出来的，却是一种耐人寻味的现象——他的考试成绩并不拔尖，每次考试排名都是全班十名之后。

有一次，我问王根的妈妈，她是如何看待这种情况的。她的回答让我感到意外。她说："我没觉得这有什么，一直以来我重视的都是他的身心健康。因为他的表现比同龄孩子优秀，所以有人说他是神童，但我知道，孩子的成长规律是：犯错误—改正错误—再犯错误—再改正错误……作为妈妈，我渴望他学得扎实，玩得痛快，不会刻意将一个又一个的光环套在他头上。"

在孩子成长过程中，难免会遇到挫折。即便天资聪颖、颇具才能，如果关键时刻选择退缩、放弃，注定功亏一篑、一事无成。其实，挫折并不可怕，可怕的是孩子缺乏自强、坚毅的性格，因此要想孩子未来取得成功，一定要鼓励他们学会战胜自己。

方法一：积极引导孩子，给孩子战胜困难的勇气

记得有一次，女儿参加作文竞赛，本来她有十足的信心可以获奖，结果却令人大跌眼镜，女儿为此郁闷了好久。为了缓解她的这种情绪，我给她讲了一个故事：

日本著名的量子化学家、1981年诺贝尔化学奖得主福井谦一生活在一个小康之家。身为家里的独子，父亲对他寄予厚望。可是在一次化学测验中，他又得了不及格。

他有点不知所措，不知道要怎么把画满“×”的试卷拿到父亲面前。一直徘徊到太阳落山，他依然不知道怎么进家门。最后，他只好硬着头皮推开了家门，用小得只有自己才能听见的声音把成绩告诉了父亲。

父亲听了，心里虽然失望，可嘴上却说：“孩子，没关系。这次考砸了，下次努力争取好成绩。”

“爸爸，我……我不想再读书了。”福井谦一终于将自己思考了一下午的话说了出来。

“如果你真是这样想的，就让我太失望了。”父亲语重心长地说，“本来我觉得你是一个刻苦的孩子，没想到一碰到困难就退缩不前了。”

“但是爸爸，或许我就不是一块读书的料，我想参军。”福井谦一说出了自己的想法。

“孩子，无论你干什么，都一定要读书。不读书，你就没文化，未来什么

事都做不成。”父亲耐心地开导他说，“不管做什么事，都可能遇到挫折，一定要勇敢地面对它、克服它，才能真正超越。孩子，你要记住，没有比人更高的山，也没有比脚更长的路。”

父亲的一番话打动了福井谦一，他表示自己的确不应该放弃，要努力学习。之后，他开始制订学习计划，安排自己的时间，从头开始补起。

努力了一个月，那万恶的化学测验，他还是不及格。可是，这次他并没有灰心，他知道自己底子差，想一步登天是完全不可能的，还要从打好基础开始。第二次化学测验，他终于及格了。半个学期后，他的成绩扶摇直上。第二个学期，他已经当上了化学课代表，而且还参加了化学竞赛。

人的一生中会遇到很多挫折，有远见的人永远不会放弃，也不会沉迷，而是积极进取、再接再厉，因为他们知道命运是掌握在自己手里的。一遇到困难就萎靡不振、消极避世，这样的态度不能解决任何问题，只会让人更加沉迷于失败之中而无法自拔。引导孩子对自己充满信心、增强克服困难的勇气，是所有父母都应该做的。

方法二：不断地激励孩子向困难挑战

一个人成功的真正力量并不是来自外界，而是取决于自我，尤其是心中那份直面挑战、战胜自己的勇气。

女儿未满周岁时，我就有意识地训练她爬行，以此来培养她挑战困难的勇气。

在训练她爬行时，我会在她面前放一个色彩鲜艳的玩具，吸引她不断往前爬。有时候，她爬累了，干脆趴下，把小脸贴在床上，休息一会儿；等缓过来之后，她又继续被玩具吸引着往前爬。有一次，她趴下的瞬间，小手被压在了胸脯下，起身时没法抽出来，她看着我，嘴里发出“啊啊”的求救声。我当时没有马上帮她，而是示意她侧一下身子，终于，她依靠自己的力量把小手抽了出来，继续爬。每次当她快要抓到玩具时，我就会将玩具放远一些……休息—往前爬—再休息—再往前爬……最后，当她抓到玩具的那一刻，我清楚地记得，她的脸上露出了灿烂的笑容。

女儿两岁多时，我时常领着她去小区附近的公园里散步。有一年秋天，我们在公园的花丛里看到一只美丽的蝴蝶在翩翩飞舞，当它从我们身边飞过时，女儿挣脱我的手去追赶它，结果不小心被路边的一块小石头给绊倒了。女儿趴在地上哇哇哭，我没有直接过去抱她起来，而是鼓励她自己爬起来。

如果一个人缺乏挑战困难的勇气，那么他做任何事都会没有信心。培养孩子敢于挑战困难的勇气，可以让他们迅速从因逆境引起的不良情绪中解脱出来，朝着目标继续前进。在日常生活中，父母要把这个意识灌输给孩子，这样，他们就能逐渐克服自身弱点，提高战胜自我的勇气。

Chapter 6

培养好习惯，不能一味求快

孩子的好习惯并不是在一天养成的

所有的父母都渴望自己的孩子能够养成好习惯。拥有好习惯对孩子有许多好处。可是，在帮助孩子养成好习惯这件事上，很多家长都特别被动，要么显得操之过急。比如，父母都知道应该让孩子饭前洗手，可不知道该如何下手。其实，习惯是长时间积累形成的，并不是一蹴而就的。

记得第一天送女儿去幼儿园时，在我转身要走的一刹那，她哭了。我蹲下身，给她擦干眼泪，安慰她："宝贝，到了下午，妈妈就会来幼儿园接你回家。在这之前，你跟幼儿园里其他的小朋友们一起玩。"女儿听了点点头，停止了哭泣，委屈地说："妈妈，你要快点来接我呀。"

下午我准时到幼儿园接女儿，她一见到我就开心地拉着我的手，转身就走，似乎完全忘记了陪她等妈妈的老师。于是，我提醒她："宝贝，你是不是忘记跟老师说'再见'了？"她这才停住脚步，转过身，挥舞着她的小手对老师说了一句"再见"，老师看着我们，微笑着回应。然后，我就带着女儿回家了。

第二天，我依然提醒她跟老师说"再见"。我本来以为只要坚持这么做，一两个星期之后她就能养成这样的习惯，在跟老师和小朋友分别时主动对他们说"再见"。结果却是，一个月过去了，女儿有时候还会忘记，依旧要在我的提醒下跟老师和小朋友告别。而我也会及时关注，只要她忘了，就会提醒她。

很多时候，看似非常小的一件事，就像告别时说“再见”这样一个小习惯，在成人看来会觉得轻而易举、理所当然，可对孩子来说，可能会有点困难，一时半会儿很难做到。这也给身为父母的我们一个启示：要想让孩子养成一个好习惯，一定要有耐心，而且要不断重复、不断提醒、不断督促他们。

方法一：陪着孩子慢慢进步

人的一生注定要经历许多挫折，没有人会不经历失败，对于求学的孩子来说，成绩不稳定更是家常便饭。身为父母，面对孩子成绩不佳的情况，首先要做的不应该是发火，因为或许对于孩子来说，他们已经尽了自己最大的努力，只是暂时没有找到合适的学习方法。越是这种时候，父母越要理解他们、鼓励他们，陪着他们慢慢进步。

我女儿小的时候数学成绩也不太好。一次，放学回到家，她拿出试卷让我在上边签字，我一看，又是70多分，再看看女儿，很明显，她也有些垂头丧气。

我签完字，问她：“怎么了？为什么这么不开心？”

“妈妈，我只考了73分，我上一次向你和爸爸保证过，这次一定要考到80多分……”女儿显得懊恼极了。

女儿搂住我的脖子，头靠在我肩膀上，叹了口气。我把她揽在怀里，说：“前几次考试你总考70多分，你知道是为什么吗？”

她看着试卷，天真地说：“我该不会是被诅咒了吧，永远只能考70多分？”

听她这么说，我不由得笑了出来：“你看动画片看多了，哪有什么诅咒，完全是因为你粗心大意，你好好看看前几次的试卷就知道了。”

她把考过的试卷都拿出来，跟我一起分析那些做错的题。最后，我告诉她："只要你认真审题，下次考试肯定会有所突破的。"

过了一段时间，女儿又拿回来一份最新的数学测试卷，我一看，87分。

进步是一个缓慢的过程，如果孩子学习成绩一时不好，父母也不用着急，耐心帮孩子分析问题，找到突破的关键才是最重要的。尤其是在孩子品尝到失败的滋味时，父母更要有耐心，做他们坚强的后盾，帮他们一起寻找进步的方法。

方法二：多些重复，陪着孩子慢慢改正

好习惯的养成，就是不断地重复某个有益的行为的过程。也就是说，不停地让孩子重复某个有益的行为，就是在帮孩子培养好习惯。

写作业不专心是孩子的通病，周霞的儿子小竹也遇到了这样的问题。不过周霞是一个有想法的妈妈，在教育孩子方面有自己独特的一套方法。

针对孩子写作业不专心这个问题，周霞有自己的秘诀：写作业时，小竹不是东看看西瞅瞅，就是拿着玩具玩儿。为了让小竹养成认真写作业的好习惯，周霞将小竹书桌上的东西清走，还把书桌上的贴纸都揭下来；孩子写作业时，她就会关掉电脑，拿本书在小竹旁边安安静静地坐着，一旦发现小竹写作业不专心，她马上敲敲桌子，提醒小竹认真写作业。

不知不觉中，周霞监督小竹写作业整整一个学期了。新学期一开始，当周霞再监督儿子写作业时，她吃惊地发现，小竹自始至终都能全神贯注地做作业，直到把所有的作业都完成，而且作业的正确率也很高。

由此可见，孩子的很多好习惯都是在父母的良性监督之下形成的。当自己的孩子做作业不专心时，有些父母只会口头提醒，孩子做作业时他们依然看电

视、玩电脑，电视、电脑发出的声音会对做作业的孩子产生影响。最好的做法就是像案例中的周霞那样，自己先做出改变，在孩子做作业时保持绝对安静，不给孩子分心的机会。并且当孩子出现分心的行为时及时提醒，时间长了，孩子集中精力做作业的好习惯自然就会形成。

不要因为孩子一次的不诚实就否定孩子

相信有很多家长在孩子小时候给他们讲过《狼来了》的故事，并且不止一次地对他们说："一定不能说谎，言而有信才是好孩子。"但是，孩子依然会出现撒谎的情况。看到孩子撒谎，有的父母生气，有的还会打骂孩子……实际上，不能因为孩子一次不诚实就彻底否定他们，只要他们日后积极改正，依然是好孩子。

晶晶是个特别听话的小女孩，很少让父母生气。她的学习成绩也特别好，从来都不需要父母操心。每次，只要晶晶考试成绩得分高，妈妈都会奖励她一些东西。

有一次，晶晶把考卷拿给妈妈，妈妈一看，95分，特别高兴，给晶晶买了一身漂亮的新衣服。结果一个周末，晶晶妈逛街碰巧遇到了晶晶的班主任老师。聊天中，班主任老师让晶晶妈多关注一下晶晶的学习，因为上次她只考了70多分。晶晶妈这才明白过来，上次晶晶拿回家给她看的那张考卷，实际上是75分，是晶晶自己改成了95分。晶晶妈知道真相后，火冒三丈，一回到家就把晶晶狠狠地训斥了一顿。以后只要晶晶把考卷拿给她看，她都会对晶晶说："我得跟你班主任核实一下这个分数。"渐渐地，晶晶很少把考卷拿给妈妈看，甚至跟妈妈的交流也不像以前那样多了……

晶晶妈因为晶晶一次不诚实的行为，就给孩子贴上了“爱撒谎”的标签，导致孩子因为父母的不信任而出现逆反心理。要知道，“人非圣贤，孰能无过”。所有孩子都会犯错，父母必须用宽容之心接纳，并加以正确引导，从而帮助他们改掉坏习惯。特别是在孩子性格塑造的关键时期，教育方法不得当，会对孩子未来的人生产生极大的负面影响。

“可怜天下父母心”，父母都爱子心切，时刻为孩子的前途担忧，以至于他们很容易犯这样一个错误：不允许孩子犯一点错误，只要他们的言行出现偏差，就犹如面临世界末日一样，惊慌不已。其实，孩子犯错并不可怕，想想身为父母的我们，难道不是从一次又一次地犯错并改错中成长起来的吗？面对犯了错的孩子，父母首先要保持理智，用合适的方法加以纠正、引导，让他们清楚自己错在哪儿，犯错之后可能引发的不良后果等，这样他们以后再遇到类似的问题时，就会吸取教训。反之，如果父母过分地强调孩子的错误，甚至因为他们犯一次错就永久性地给他们贴上“坏孩子”的标签，反而会对孩子的身心造成伤害。

方法一：孩子撒了谎，不要大惊小怪

小凡上幼儿园第一天，没有像其他小朋友那样放声大哭，而是微笑着对爸爸妈妈挥挥手说“再见”。在其他小朋友因为爸爸妈妈的离开而歇斯底里地哭时，小凡还拿出自己的新玩具分享给他们，或者拉他们一起玩游戏。幼儿园的老师很快就注意到了与众不同的小凡，再加上她年龄比其他孩子稍微大一些，在家里经常帮父母做事，于是幼儿园老师选她当自己的小助手。

每次小凡妈到学校接女儿时，幼儿园老师总会在小凡妈面前夸赞孩子一番。可是有一天，小凡妈像以前一样到幼儿园接孩子放学时，老师却对她说：“今天小凡的表现不太好，中午吃饭的时候，她把一整碗饭菜全都打翻了。”

第一次听到幼儿园老师这样委婉的“批评”，小凡妈顿时感觉脸上挂不住，于是回家的路上就开始训斥女儿。可小凡却坚持说自己没有把碗打翻。小凡妈见女儿死活不承认，气得满脸通红。小凡见妈妈生气的样子，十分害怕。自那以后，小凡只要吃饭时都会倍加小心，哪怕是不小心将饭粒掉到了地上，她也会露出害怕的表情，甚至把饭粒捡起来放进嘴里……

因为小凡妈的引导不当，导致之前乖巧的小凡后来因为害怕妈妈生气，而出现即便饭粒掉在地上也要捡起来吃的坏习惯。作为父母，一定要明白一点：有时候孩子撒谎，并不是他们本性有多恶劣，或许在他们的潜意识里，那只不过是“善意的谎言”，不希望自己的错误让父母生气。所以，父母得知孩子撒谎后，不用大惊小怪，也不要对他们大发雷霆，针对孩子的性格和心理特点，想办法引导，让他们以后避免再出现撒谎的行为。

方法二：要想孩子不食言，父母首先应该做好榜样

父母的言行对孩子的成长有着潜移默化的影响。有时候孩子用哭闹的方式表达自己不想去上学，这时候，不少妈妈会说：“今天去一次，明天就不去了。”孩子信以为真，结果第二天妈妈又说了同样的话。久而久之，孩子就在无形中学会了说谎，甚至并不认为说谎是错误的。从这个角度来看，如果想让孩子不撒谎，父母就要从自己做起，时刻留意并纠正自己的行为。

爸爸和儿子的关系一直以来都特别融洽。但是如今，儿子处处防范着爸爸，不管爸爸说什么，儿子都会用怀疑的目光看着爸爸，一声不吭。

周一早晨，爸爸送儿子上学，在路上看见卖风筝的，闹着让爸爸给他买一个，并要求星期天带他去广场放风筝。爸爸当时着急上班，随口答应他说：“好，你在学校乖乖听话，爸爸下班就给你买。”

放学的时间到了，儿子看见爸爸空着手来接他，失望地说："我今天很听话，在学校表现很好，老师还表扬了我，可是你为什么没给我买风筝呢？"

爸爸不耐烦地说："我今天事情很多，把你送到奶奶家之后，我还得去应酬，风筝的事，星期天再说吧。"

面对言而无信的爸爸，儿子感到很失望。

这位爸爸答应给儿子买风筝，结果说话不算话，以至于失去了儿子对他的信任。这也说明了，想要让孩子说话算话、不食言，父母就要身体力行，做到言出必行。孩子能否诚信，在很大程度上取决于父母的教育和影响。

孩子言行不一、不履行诺言，父母应当从孩子的认识发展上找原因，不要因此给孩子扣上道德败坏的帽子，甚至打骂他们。其实，孩子的世界特别单纯，容不得一丝欺骗，如果我们总是用成人的思维变着法儿地哄骗他们，想让他们建立起信任感会变得特别难。

尊重别人体现在细节中

尊重他人是一种美德，尊重他人就是尊重自己。在和别人相处的过程中，只有互相多一些尊重和理解，彼此之间的感情才会越来越深。身为父母，一定要让孩子学会尊重他人以及他人的劳动，唯有如此，孩子在未来才能够赢得灿烂的阳光。

朋友的父母从国内到美国探亲，看到上小学三年级的孙子德、智、体全面发展，内心特别欢喜。孩子在学校做了许多手工，画了不少作品，奶奶看了称赞不已。她在和国内的女儿和外孙视频聊天时说起了这件事情，告诉他们："我孙子真是有才，那画儿画得，真是漂亮。"

外孙在国内也上小学三年级，听姥姥不住口地夸表弟，就说："姥姥你拿来给我看看到底有多好。"奶奶将孩子的作品拿到了镜头前，外孙当即发出一声鬼叫："哎呀，这就叫有才啊？姥姥，我简直对你无语了。"

老太太又拿来一个手工，外孙再一次大叫起来："姥姥啊，你这是什么眼光啊，我都要去撞墙了。"

朋友听到儿子和母亲的对话，哈哈大笑。我在一边也觉得有些好笑。当然，朋友是把这件事情当成笑话，可是我却觉得这种行为是一个笑话。

为什么？其实这就是孩子不尊重他人的一种表现。

有一次女儿的学校举办绘画活动，邀请家长们也都参加。活动结束后，女儿指着一个小男孩画的画，跟她一个要好的朋友说：“你看他画得可真丑！”我听了，马上摇摇头，示意她这么做是不对的。女儿当时还特别委屈，说自己只不过是实话实说。我对她说：“每个人都有自己不擅长的方面，尽管他画得没有你们好，但是他可能已经尽了自己最大的努力，所以我们要做的，是尊重他画的成果。如果有人也这么大声在别人面前说你画得丑，你会是什么感觉？”

我们常教育孩子要懂得尊重他人，而这种意识的培养不能完全依靠学校的老师去教，更主要的是在日常琐碎的生活中引导他们。尤其是独生子女，一般都会以自我为中心，不太懂得尊重他人，自己想说什么就说什么，想做什么就做什么，所以这时候教他们懂得尊重、学会尊重，对他们未来的人生是十分重要的。

方法一：换位思考，让孩子学会尊重他人

有一年五一假期，我准备带女儿去动物园。临出门时，突然传来一阵敲门声，原来是邻居家 4 岁的蓁蓁来找我女儿玩。

还没等女儿说话，蓁蓁就自己进了门，直奔玩具箱，拿起里边的玩具开始摆弄。见蓁蓁这样，女儿不高兴了，气冲冲地走过去，一把夺过蓁蓁手里的玩具，让她赶紧走。

我急忙过去制止她，说：“不能这么跟蓁蓁说话！你哪天要是去找蓁蓁玩儿，她也这么对你，你不伤心吗？”

女儿低着头不说话，委屈地掉下了眼泪。蓁蓁见了，赶紧跟我们说“再见”，然后就回家了。

我语重心长地对女儿说：“我知道，因为蓁蓁过来玩儿，咱们就去不了动物园了，可是你也不能这么对她呀。如果你跟她说，‘妈妈要带我去动物园，

我争取早点回来跟你一起玩儿’。蓁蓁肯定能理解你，回家等着你。可你刚才的做法一点都不尊重蓁蓁，你看，她走的时候多伤心啊。”

女儿“嗯”了一声，认识到自己的行为不对，低声说：“妈妈，我知道错了，以后我再也不这样了。”

父母在教育孩子时，要有耐心和智慧，巧妙地引导他们站在对方的立场，考虑对方的感受。我们常说“己所不欲，勿施于人”，归根结底，就是要学会换位思考，多体谅、多理解、善待别人。

从呱呱坠地那一刻起，孩子的本性原本是单纯、善良的，因为生活环境不同，在成长的过程中就会对一些事情的认知产生不同的心理感受和反映，尤其是说出的话、做出的事，他们完全意识不到可能会对他人造成伤害。如果父母不去引导他们，他们永远不会懂得顾及别人的感受，将来步入社会，在人际交往中就会出现严重的问题。

方法二：引导孩子尊重他人的劳动成果

有段时间，我和丈夫工作特别忙，为了照顾女儿，婆婆就搬来跟我们一起住。

一天吃早饭时，女儿端着一杯早餐奶，边朝饭桌走边喝。当时婆婆刚拖完地，女儿脚底一滑，一个趔趄，杯子里的奶洒到了地上。当时她跟没事儿一样，对婆婆说：“奶奶，你再拖一下吧。”

婆婆刚要去拿拖把，我马上制止了。我走过去，俯下身，拉住女儿的手说：“奶奶刚辛辛苦苦拖完了地，现在你把牛奶洒在地上，应该自己清理。”

女儿看看我，又扭头看看奶奶，到卫生间拿出拖把，去擦奶渍。女儿个子不高，费力地拖着地，一边拖一边说：“拖地可真好玩。”

女儿把地拖干净后，我竖起大拇指，对她说：“你真棒，都能自己做事情了。”

女儿笑着跑回饭桌，继续吃饭。

吃完饭，我问女儿：“刚才拖地，你觉得累不累？”

“很好玩啊，不过也挺累的。”女儿如实回答。

我意识到教育的时机来了，接着说：“你看，奶奶把家里收拾得这么干净，我们可不能不珍惜啊。”

女儿若有所思地点头，说：“那我们以后都不要随便把家里弄脏了，要不然奶奶就太辛苦了。”

说着，我们两个人还拉钩，以后奶奶把屋子收拾干净后，我们都要好好保持，尊重她的劳动成果。

劳动是伟大的、光荣的，没有劳动，就没有这个丰富多彩的世界。所以，任何人的劳动成果都应该受到称赞，任何人的劳动都值得被尊重。日常生活中，父母要教育孩子爱惜物品、维护环境卫生，从这些很小的事情做起，通过点滴积累塑造良好的修养。

多重复，引导孩子学会独立

孩子总有一天要长大，离开父母的怀抱，独自面对风风雨雨，经历生活中的挫折与失败。如果过分宠溺孩子，他们就会像是温室中的花朵，经受不住任何风吹雨打。所以说，“父母之爱子，则为之计深远”，现在不让他们吃点苦，将来生活会让他们加倍偿还。只有从现在开始，让他们尝试着自己去面对，那么在不久的将来，他们定能成长为一棵参天大树。

现实中，许多父母都反映孩子生活自理能力差，太过于依赖父母，不少孩子上高中之后还不会自己洗衣服。孩子的生活自理能力看似是鸡毛蒜皮的小事，实则不仅关系到孩子未来生活能否独立，也会对他们的自信心产生一定的影响。具备独立生活能力的孩子，遇到事情他们会主动想办法去解决，尤其是克服困难之后，他们的自信心就会增强。而缺乏生活自理能力的孩子，什么事情都不会做，生活中会处处碰壁，遭受更多的磨难，甚至会渐渐形成自卑心理。

当然，年龄小一些的孩子，他们还不懂这些，父母有义务在生活上对他们给予照料，但是父母必须要明白，对孩子的照料不仅仅是为了让他们生活得舒适、幸福，最终的目的其实是在照料中教给他们逐步应对生活的技巧，让他们掌握独立自主的生活能力。

我们经常会见到以下这样的场景：

孩子玩的时候不小心跌倒了，陪在身边的不管是父母还是爷爷奶奶、姥姥姥爷，都会急忙跑上前把孩子扶起来，然后帮他们拍拍身上的土，同时还不停地问：“哎呀，摔疼了吧？哪儿疼啊？来，我给你揉揉。”以至于下次孩子再出现跌倒的情况，他们就会趴在那儿不起来，甚至哭闹，等着家人过来扶他、安慰他。

偶尔我们也会见到有些孩子跌倒了，一个骨碌爬起来，拍拍手、拍拍身上，嘴上还说着：“没事，没事。”然后继续跑到别的地方去玩了。

上述这两种孩子如果一直按照这种方式生活下去，不难想象，后者肯定比前者更容易获得成功。

我曾经看到过冰心先生说的一句话：“有时候，母爱并不是健康的。反而害了子女。譬如‘小皇帝’的出现，就因为母爱不健康。”所以，请父母们不要再过度庇护孩子，健康的爱不是无微不至地呵护，而是让他们具备乐观的心态、应对困难的勇气，以及立足社会所需的各种技能。

方法一：引导孩子正确面对失败，真正强大起来

在孩子成长期间，失败是避免不了的，身为父母，有责任对孩子进行正确引导，帮助他们提高抗挫能力，让孩子在面对失败时不会心生畏惧。

一次，我收到一位家长给我的来信，信中写道：

我儿子的学习成绩向来优异，每次考试都能在他们班里排前三名。开家长会的时候，听到老师的赞美和表扬，我由衷地感到骄傲、自豪。有一次，儿子期末考试结束，我收到儿子的班主任发的微信，通知说星期三到学校开家长会。当时我听到这个消息还窃喜，觉得又能听到老师的赞扬了。

开家长会那天，我特意穿上了新买的衣服，高兴地来到学校。没想到的是，家长会上，班主任老师非但没有表扬儿子，还点名要我加强督促，不能放松对他的教育。听了之后，我心里特别不是滋味。稍后，儿子的成绩单传到了我手上，我仔细一看，发现儿子这次居然是全班倒数第 11 名。回到家之后，我忍不住训斥了儿子一顿……

如果表现一直优秀的孩子突然因为不可控因素而发生某种状况，他们内心也是很难受的，这时候，他们最需要的是鼓励。从心理学的角度分析，训斥、责打孩子只能在表面上让他们认识到错误的行为，根本不能彻底解决问题。

父母对孩子的期望一定要切合实际，不能对他们太过严苛，尤其是孩子成绩下降、做某件事没成功时，父母千万不要因为一时的得失而对孩子失望。帮助他们寻找问题的根源和最好的解决方法，让他们用正确的心态对待失败，这样才能使他们的内心逐渐强大起来，迎接日后更多、更难的事。

方法二：做一个“懒”妈妈，万事不包揽

我看过一个女孩写的一篇作文：

记得小时候，我走路没稳住，摔倒在地上，哭着让妈妈把我扶起来，而妈妈却用鼓励的目光看着我，不紧不慢地说：“你自己能起来的。”我只好自己爬起来。

我的运动鞋脏了，让妈妈帮我去洗，妈妈却说：“你自己能把鞋洗干净的。”妈妈不帮我，还不让爸爸帮我洗，我只好自己来。

看书时，有些字我不认识，去问妈妈。她递给我一本字典，说：“你自己去查。”

有些数学题不会做，去问妈妈，她又说：“自己搞清楚已知条件和未知条件的关系。”

妈妈喜欢听收音机，特别喜欢听新闻。一天，她说："收音机刚换了电池，为什么不响了？"我怯懦地说："可能出毛病了。"她让我试着修理，还给我找来一块万用电表。我按照收音机的安装电路图，用万用电表反复检查，终于找出了毛病。现在可好，家里的收音机、录音机坏了，都"请我"帮忙修，我美得不得了。

这就是我的"懒"妈妈。

天下父母没有不爱自己的子女的，但如果缺乏理智，对孩子提出的要求一律应允，没有原则地迁就，甚至将孩子的缺点当成优点不加以纠正，就是溺爱，甚至可以说是对孩子的放纵。不要以为对孩子娇宠有加、一切以孩子为中心、事事不让孩子插手是爱他们，事实已经充分证明，父母这样做，其实最后受害的还是孩子自己。

好习惯是在有目的、有计划的训练中形成的

养成良好的习惯，不管是生活习惯、学习习惯还是思维习惯，都能让一个人受益终生。可是，坏习惯容易养成，好习惯却来之不易，如果没有目的，没有计划，就无法养成好习惯。

女儿从小就是个急性子，开始时，我并没有太过于重视。但是后来却发现，这种坏习惯越来越影响孩子的健康成长，所以我开始对女儿进行了训练。

一天，我正在厨房里做蛋糕，3 岁的女儿在旁边看着我不停地忙碌。看到我拿出香香的巧克力和新鲜的水果，女儿馋坏了，说：“妈，我要吃蛋糕。”

我说：“蛋糕还没做好呢，得把粉调好，再加入你最爱吃的巧克力和水果。”

女儿还是纠缠我：“我就想吃蛋糕。我现在就要吃。”

我有些不耐烦了：“蛋糕还没有做好，怎么吃呢？你怎么这么不听话？”

女儿开始讨价还价：“那我要吃巧克力、吃水果。”

我说：“你吃了巧克力和水果，妈妈还怎么做蛋糕啊？”

“我不管，我现在就要吃。”女儿开始耍赖。

我无奈，只好让孩子先吃巧克力和水果。

……

为了让女儿养成耐心的好习惯，按照前辈的经验，我有计划地对女儿进行了耐心训练。

我拿出沙漏，对她说：“这是古时候的钟表，里面沙子全部漏下去时，正好是三分钟。”

女儿想玩沙漏，我说：“以沙漏为计时器，你和妈妈一起看故事书，每次以三分钟为限。”女儿非常高兴地答应了。

第一次，女儿静静地坐下来听我讲故事。但事实上，她根本就没有留意书中的内容，只是看着那个沙漏，三分钟一到，就出去玩儿了。第二次，女儿的情况有所好转……渐渐地，女儿真的可以主动去看书了，并且可以坚持很长的时间。

好习惯的养成，是一种循序渐进的训练，需要对孩子进行潜移默化的教育。通过孩子感兴趣的东西，让孩子的注意力在一定的时间内专注于某一对象，久而久之，孩子就会形成习惯，也就提高了耐性。

方法一：好习惯的培养，必须要有明确的目的性

孩子的素养大多都体现在语言上，孩子出口成脏，不仅说明家长教育的缺失，更会影响孩子的健康成长。因此，明智的父母会给孩子确立一个明确的目标，让孩子一点点进步，一点点实现。

在女儿很小的时候，我们就注意纠正她的说话方式，希望她长大后能成为一个讲文明、有素养的人。

有一天，我从幼儿园把女儿接回家，疲惫地倒在沙发上，一点都不想动。女儿见状，急忙过来给我捶腿。过了五分钟，她又屁颠儿屁颠儿地拿个玻璃杯，到饮水机前接了半杯水，然后晃晃悠悠地端给我喝。

“妈妈，起来喝水。”

我坐起来，接住杯子，喝了一口，笑着说：“谢谢宝贝！”

女儿笑着说：“不客气。”然后，她又找了个杯子，给婆婆也倒了一杯水。婆婆喝完之后，并没有说任何话。女儿定定地看着婆婆，说：“奶奶，您还没说‘谢谢’呢。妈妈说，得到他人的帮助时要说‘谢谢’。”

“哦，是吗？谢谢，谢谢宝贝孙女。”婆婆赶忙说。

为了让女儿养成讲文明用语的习惯，有一段时间，我提议在家里开展“文明语言在我家”的活动。要求家里每个人和别人讲话时，都要使用“你好”“请”“谢谢”“对不起”“不客气”这样的文明用语，而且相互监督，如果被发现说了脏话，或者没有用这些文明用语，就弹一下对方的额头。

我清楚地记得，那段时间，丈夫几乎每天都会被女儿弹额头。“爸爸，我给您拿拖鞋，您没有说‘谢谢’。”“爸爸，您让我帮您倒垃圾，没有说‘请’。”“爸爸，您把垃圾扔到地上了，没跟我们说‘对不起’。”……只要女儿发现爸爸“犯规”，就会撒娇地搂住他的脖子，狠狠地弹一下爸爸的额头。通过这样的活动，女儿在玩乐的同时也养成了讲文明、懂礼貌的习惯。

方法二：好习惯的养成，需要家长一步步引导

世界著名心理学家威廉·詹姆士说过这样一句话：“播下一个行动，收获一种习惯；播下一种习惯，收获一种性格；播下一种性格，收获一种命运。”这句话说明，通过一个人的言行，可以窥见他未来的命运。

一位父亲和我谈他教育孩子的经历：

10年前，我家从一间低矮的破房子搬到了新建的楼房里，当时我们住在6

楼，没有电梯。从那以后，两岁的孩子就跟我们开始了爬楼梯的生活。刚开始的一段时间，他因为新鲜还能自己多走会儿，后来表现出惰性，只要一进单元门，就总让我们抱着爬楼梯。每当这个时候，我就会跟他说："你人小，你不想走的话，就住在楼梯上吧。"说完我只管上楼，任他站在那儿。他见我不等他，无奈之下只好自己扶着栏杆上。渐渐地，以后再爬楼梯的时候，他再也不说让我们抱着了。

转眼间，孩子该上小学了。上学第一天，我早上送他去，下午放学又接他回来。因为当时我家离孩子所在小学很近，下了楼，过个十字路口，往右一拐就到了。于是我告诉他，让他自己上下学。每天，我都会站在阳台上，看他从楼下一直走到学校门口。

孩子再长大一点，我发现他有了花钱的欲望，于是，我鼓励他把废旧报纸、废瓶罐收集起来卖。同时，为了让他认识到挣钱的不容易，寒暑假的时候我们会带他去单位，看我们平时是如何忙碌的……

培养一个优秀的孩子是所有家长的共同心愿，但事实上很多人都抓不住教育的精髓。尤其是存在侥幸心理，认为帮孩子养成好习惯有捷径可循的父母，他们这种快速将孩子从坏孩子变成好孩子的念头，简直是异想天开。

没有失败的孩子，只有不懂教育的父母。面对不良的孩子，父母光心急、焦虑是没用的，要在反省自身的同时学习有效的方法，做孩子的引路人，一步步引导他们养成好习惯。

改掉坏习惯需要一个过程

按照美国心理学家拉施里的动物记忆实验结果，一种行为重复21天就会养成初步的习惯，90天的重复会形成稳定的习惯。可见，好习惯的养成不是一蹴而就的。与此同理，坏习惯的纠正同样需要坚持不懈地努力。

凌凌3岁多，刚上幼儿园，但他却让妈妈伤透了脑筋。

第一天上幼儿园，凌凌就欺负同班的一个小男孩，还把人家给打了。

后来每天去接凌凌的时候，老师都会跟凌凌妈反映，孩子在幼儿园是出了名的难管，希望父母在家的时候好好管教一下。有一次老师忍不住对凌凌妈说:“凌凌来幼儿园刚3周，就惹了不少麻烦。如果他再不改掉火爆、爱挑衅的坏脾气，我们真的管不了他了，你们只能给他转园了。”

凌凌妈自然不希望自己的儿子转园，因为这个幼儿园不仅离家近，其师资力量也得到了广大家长的认可。但听老师这么说，凌凌妈意识到问题的严重性，于是跟老师请了一个月的假，希望在这段时间里把凌凌的暴脾气给纠正过来。

一天傍晚，凌凌自己玩积木，每次他搭好的高楼都因为不稳而倒塌。于是凌凌很生气，开始乱扔东西。换作以前，凌凌妈为了制止他，气急了会打他两巴掌。但这次，凌凌妈忍住了，她知道，如果自己先发火了，那还怎么给凌凌做好表率呢？于是，凌凌妈一边拉着凌凌的手，一边心平气和地说："我们住的房子也是在高处，它不倒，是因为地基打得稳。所以，你要想把高楼搭起来的话，首先地基要牢固。好了，不生气了，妈妈帮你一起搭。"

……

渐渐地，凌凌遇到不开心的事情时，不再像之前那样乱发脾气。一个月过后，凌凌重新回到幼儿园，凌凌妈再也没有因为凌凌打架而被幼儿园老师叫到学校。

正所谓"欲速则不达"。帮助孩子改掉不良习惯，并不像改正一道数学题那样简单、快捷。改掉坏习惯需要不停地重复纠正，直到孩子从有意改正到无意识地不再做出错误的行为，这是一个特别考验耐心的过程。在这个过程中，父母要主动学习更有效的教育方法，而父母的这种改变和进步也有助于帮助孩子朝着更好的方向发展。

方法一：改正孩子的坏习惯，打骂是不可取的

过年回老家，弟妹对我说："嫂子，你可回来了，快帮我管管你侄子吧。他的手只要一闲下来就抠鼻子，怎么说都没用……"

原来，不知道从什么时候起，小侄子抠鼻子越来越频繁，甚至吃饭时也会习惯性地把手指伸进鼻孔里。

弟妹发现小侄子有这个坏习惯后，严厉地批评他："没事别总抠鼻子，小心爸爸揍你。"小侄子每次听到警告，都会认真地点头，可是过不了多久，他又会不自觉地把手指伸进鼻孔中。

弟妹见警告起不了作用，就拿出裁衣用的木尺，在小侄子的手掌心打了10下。打完后，弟妹说："要是再让妈妈看见你把手伸进鼻孔，我就用这个尺子打你手心20下。"弟妹边说边挥动了一下手中的木尺，表示自己并不是在开

玩笑。

小侄子看着妈妈手中的戒尺，胆怯地点点头。弟妹看到他的样子，以为有了这次的教训，他真的把自己的话听进心里了，于是满意地笑了笑，继续干别的事了。

收拾妥当，弟妹打算辅导小侄子做作业，结果发现他一边写作业一边抠鼻子。弟妹气不打一处来，又拿来木尺将小侄子打了一顿。小侄子又是口头保证，可第二天吃早饭时，小侄子又习惯性地把手指伸进了鼻孔里……

在我的建议下，弟妹先带小侄子去医院检查了一下鼻腔。回来后，我把小侄子叫到我身边，跟他讲鼻黏膜、鼻毛的作用。告诉他如果总抠鼻子，不仅不雅观，还会引发一些疾病。然后我跟他一起从电脑上搜了一些关于抠鼻子有危害的教育小视频。看完视频之后，小侄子下意识地又要把手指伸进鼻孔，但就在那一刹那，他把手指抽了回来，说："姑姑，我不想让我的鼻子生病，以后我再也不抠鼻子了。"

后来，我听弟妹说，小侄子果然改掉了抠鼻子的坏毛病。

训斥、打骂都属于行为矫正法，尽管可以当下矫正，却不能让孩子从根本上改掉坏习惯。要想有效地让孩子改掉坏习惯，办法只有一个：首先要让他们认识到坏习惯可能引发的问题，然后帮助他们有效地控制、矫正。

方法二：矫正孩子坏习惯，可以采用一些小窍门

记得以前，好朋友琳达为了纠正儿子揉眼的坏毛病，打也打过，骂也骂过，他们夫妻俩甚至对儿子承诺：只要他坚持一天不揉眼睛，就给他买最新款式的汽车模型。

一次暑假，我带着女儿到琳达家做客，闲谈期间她跟我吐槽了这件事，看她那么发愁，我对她说："反正现在是假期，也没什么事，让你儿子来我家住

一段时间，我看看能不能想办法帮他改掉这个毛病。”

琳达当时也没其他办法，听我这么一说，第二天，琳达帮孩子准备了几身换洗的衣服，把他送来了我家。

来到我家后，我并没有训斥、责罚他，更没有承诺要给他怎样的奖励。只不过，每天早上，只要天气晴朗，我就会带着女儿和他去附近的公园看绿植和散步。在家时，我很少让两个小家伙看电视，除了做作业，他们就是在一起玩玩具、捏橡皮泥等。期间，如果看到他频繁揉眼的话，我和女儿就会及时制止。过了大概一周的时间，在我预感到他要揉眼睛时，正巧赶上他把手扬起来，于是我赶紧拦住他的手，让他先闭上眼睛，然后再朝窗外看五分钟。

不得不说，他特别聪明，并且很乐意配合我。坚持半个月之后，他揉眼的次数明显少了很多。我将孩子送回琳达家，还把自己用的方法告诉了她，琳达如法炮制。开学之后的一天，琳达打电话给我，说她已经跟老师确认过，老师说她儿子即便在学校也不像之前那样频繁揉眼睛了……

发现孩子有坏毛病，不管是惩罚还是奖励，都只能起到一时的作用。要想从根本上纠正，首先要找出导致孩子出现坏毛病的根源，然后再寻找有效的解决办法。

对于纠正琳达的儿子揉眼的坏习惯，我的做法虽然简单，却是最直接、最有效的。孩子总是揉眼睛，一般是假期中看电视、玩电脑用眼过度造成的，所以我没有在劝说上花费太多的时间、精力，而是除了做作业之外，很少让他看电视。抓住这个关键之后，再对孩子之前养成的习惯性动作加以阻止，时间一长，他自然会改掉揉眼的坏习惯。

Chapter 7

欲速则不达，孩子的学习急不得

学习，一口吃不成个胖子

在孩子中流传着这样的话:“考考考，老师的法宝；分分分，学生的命根……”大多数家长都非常重视孩子的成绩，在孩子开始接受基础教育时，他们就将自己的关注点放在了孩子的学习成绩上，哪怕是刚刚上一年级的小学生，父母也不会轻易放松对孩子学习上的监督。

在许多父母看来，如果孩子小学阶段成绩不佳，就很难考上重点中学，离重点大学自然也就渐行渐远了。所以对于孩子的学习，几乎所有的家长都不谋而合：要想取得好成绩，就要不停地督促并对孩子提更高的要求。

可是，大量的事实告诉我们，学习是个长期的过程，想一口吃成个胖子，几乎是不可能的。

女儿上幼儿园时，有个经常在一起玩的好朋友叫小菲。幼儿园毕业后，女儿顺理成章地进入附近的小学，而小菲的父母为了让她比同龄孩子更优秀，将小菲送进了离家较远的重点小学。

结果没多久，小菲的爸爸妈妈发现：在学习上，小菲似乎并没有如他们所期望的那样早早地掌握知识，相反，她的学习成绩一直都排在班级的中下游。

为了提高小菲的学习成绩，爸爸妈妈没少和班主任老师沟通。可是，老师的回答让他们内心更为失落：在班上，小菲的年龄最小，理解能力和学习能力有点跟不上班里其他的学生……

期中考试成绩单发下来，看着试卷上那扎眼的“48分”，爸爸终于忍不住对小菲大声呵斥。小菲眼里含着眼泪，委屈地说：“爸爸你别凶我了，我真的不懂啊……”

小菲的父母望女成凤，想让小菲快人一步的心情不难理解，可如果让孩子“抢跑”而忽视了他们的承受能力，那就大错特错了。

急于求成是学不好的，只有理解能力达到一定的水平，在理解的基础上记忆，才是最佳的学习方法。由此也说明一点，父母应当按照孩子的心智发展情况，判断孩子是否已经具备接受相应知识的能力，对知识的接受无论过早还是过晚，对孩子的认知发展都极为不利。

方法一：提高孩子的学习兴趣才是最重要的

有些家长经常会抱怨：孩子贪玩，不喜欢学习，自己感到着急且苦恼。其实，只要孩子对学习有兴趣，自然会在学习的过程中主动保持活跃思维、想方设法攻克那些不会的题。

提高孩子的学习能力有一个重要前提，那就是要有持续而强烈的学习兴趣。如果想让孩子明确学习的目的和意义，增强学习的自觉性，父母可以采用很多方式，比如，把目前的学习和孩子未来的生活、工作联系起来，让他们了解知识应用的重大作用，并且逐渐将学习的外部要求转化成自身的学习需要，变“要我学”为“我要学”。

接女儿放学时，我经常看到三三两两的家长聚在一起聊天。

一次，一位妈妈对我说，她儿子小宝已经上五年级了，每天放学回家第一件事不是写作业，而是玩，玩够了再写。用孩子自己的话说：“妈，我真的不想上学了，每天都那么多作业，还要预习，太难了。”

听她这么说，我就知道，她的孩子对学习一点兴趣都没有，更不用说从学习中获得满足感了。

学习兴趣是一个人成长的“起点”。“知之者不如好之者，好之者不如乐之者”说的就是这个道理。学习的最佳动力就是兴趣，面对厌学的孩子，父母一定要弄懂他们对学习不感兴趣的原因，然后对症下药，逐渐把孩子的学习兴趣培养起来。

方法二：让孩子知道为什么而学习

美国影片《男家庭保姆》中，男主角和雇主的三个女儿之间有一段经典对白：

“孩子们，去学校干什么？”
“学知识。”
“为什么要学知识？”
“考大学。”
“为什么要考大学”
“为了找到适合自己的工作。”
“为什么要工作？”
“为了得到别人的尊重，为了不让他人将自己当作路边的小狗一样任意打骂。”

当我看到影片中这一幕的时候，感慨颇多。男主角的提问让孩子们明白了学习的真正目的，同时也告诉他们：上学是他们自己的选择，绝不是被强迫的，只有自己才能主宰自己的决定。

马斯洛在人的需求层次理论中指出，当生存需要不再是困扰人们的问题时，地位的需要就会被彰显。遗憾的是，如今很多孩子都不明白学习的真正目的，一味地把学习当作一种负担，压根就不知道自己为何要学习。

我记得那年女儿刚上小学一年级，有一天吃完晚饭，我一直没见她写作业，就问她："今天老师没留作业吗？"

女儿回答："留了，可我今天就是不想写。"

我觉得非常奇怪，问她为什么，她还是说："不想写。"

"不想写就别写了，反正写作业是你自己的事，完成或者完不成，都跟我们没关系。可是，我认为作业对你就跟工作对我的意义是一样的，完成了，是对自己负责；完不成，对自己将来的发展也没什么好处。"

女儿一想，觉得我说的有道理，休息了一会儿，就回屋写作业了。

生活中，很多家长都逼孩子学习、哄孩子学习，却很少有人告诉他们学习是他们自己的事。只有让他们意识到，读书、写作业并不是为了别人，而是为了将来在工作和生活中得心应手，他们才可能真正塌心学习。

打好基础，磨刀不误砍柴工

几乎所有的父母心中都清楚：孩子学习，基础特别重要。为了让孩子打好扎实的基础，有些父母竟然日夜不停地监督孩子学习，甚至不惜花费重金为孩子聘请家庭教师。事实证明，父母通过这些努力所取得的效果有时候微乎其微，可以说收获跟付出的心血根本就不成正比。

其实，让孩子打好基础并不意味着在孩子很小的时候就逼着他们去学习，为日后铺路。相反，让孩子打好基础的目的是为了让他们做好接受知识的准备。

送儿子去小学报名时，邻居张姐发现，很多同龄的孩子已经掌握了汉语拼音，有的孩子甚至算数和英语也都会一些。为此，张姐感到特别着急，因为她儿子在幼儿园基本就是玩过来的，汉语拼音、简单的数学加减法、简单的英语单词，他都不会。

为了让儿子不掉队，张姐忙活完报名的事之后，就开始四处打听，要给儿子报个幼小衔接班。没想到，张姐的老公却阻止了她。为了这件事，两人争吵过很多次，最终张姐的老公提出自己的意见之后，张姐勉强放弃了给儿子报幼小衔接班的念头。

第二天开始，张姐的老公每天坚持对儿子进行课堂模拟训练，给他制订“班规”。张姐看在眼里，不免觉得老公的举动有些荒唐，因为模拟课上，老公给儿子讲述的并不是小学的课本知识，而是通过游戏的方式，教儿子怎样听、怎样记，再根据自己听到的、记下的，去做一些尝试性的练习。

小学一年级第一个学期结束的时候，张姐惊讶地发现：虽然儿子起步比其他的孩子慢，可是他进步的速度却很快。而且，随着课堂知识不断增加，其他孩子的学习成绩开始出现退步的情况，儿子却依然可以保持稳定的学习状态。

原来，那些提早掌握知识点的孩子认为老师讲的内容自己已经学会了，于是不再专心听，只有张姐的儿子觉得老师讲的知识很新鲜，充满了好奇心，并习惯性地按照之前的课堂模拟，认真听、仔细做笔记，课后专心练习……

“工欲善其事，必先利其器。”如果说“善其事”是一种成功，那么“利其器”就是必要的准备。虽然不是做好所有的准备就可以获得成功，但所有的成功都离不开充分的准备。对于求学的孩子来说更是如此。在他们“砍柴”前，先教他们用心磨利自己的“刀”，这样一来才能砍更多的“柴”。

方法一：提升学习能力也是打基础

未来社会淘汰的不是没有知识储备的人，而是没有学习能力的人。学习能力伴随着我们的一生，是一个人工作、生活的基本能力。所以，身为父母，一定不要把目光局限在孩子所学知识的多少、成绩的高低上，而要着眼于提高孩子的学习能力。

蒋海成绩优秀、人品好、相貌好，是老师眼中的好学生，家长眼中的好孩子。他是如何做到这一点的呢？这就不得不说说他的爸爸了。

小学五年级的一天，蒋海在家做作业，遇见一道难解的数学题，便拿着作业本问爸爸：“爸，这题怎么做？”爸爸一看这是道方程题，就按题意一步步写出了算式，每写一步就跟孩子说一句，蒋海边听边点头。爸爸写完算式后，蒋海高兴地往本子上一抄，作业就写完了。

可是，问题不久就出现了。几天之后，蒋海写作业时又遇到了同样的题型，他还是不会做，无奈之下，只好又去问爸爸。爸爸一看这题刚教过不久，有点生气，后来仔细一想才明白：上次自己将答案直接告诉给了孩子，他接受到的只是结果，过程并没有真正理解，所以他对这种题型印象不深，没记住解题步骤。于是，爸爸这次改变了辅导方式，他采用提问的方法，启发蒋海自己思考，光点头不行，他还得自己说出道理来。最后，蒋海豁然开朗，明白了这道题的解法，自己列出算式。

不得不说，蒋海的爸爸是位有智慧的家长。

古人云“授人以鱼，不如授人以渔”。对于孩子来说，作业的答案并不重要，重要的是掌握解题的能力。即使我们的学识再渊博，也不能代替孩子去解决问题，我们要做的就是抓好关键细节，将分析问题、解决问题的方法告诉孩子。

方法二：教孩子快速适应环境

关于学习，很多父母都懂得预习的重要性，让孩子把不懂的地方提前标出来，等上课的时候重点听老师讲解。除了预习之外，父母也要教孩子懂得如何适应环境。

儿子到了上小学的年纪，李女士给孩子在市里的一所小学报了名。在此之前，李女士做了一些准备，让儿子提前接触了一些一年级的知识，她以为这样就足够了。结果没想到，小学和幼儿园是两个完全不一样的环境，她完全忽视了儿子的环境适应能力。

开学第一天，儿子仍然像在幼儿园似的，上课不是睡觉就是走来走去，或者将自己新买的变形金刚拿出来玩。为了不影响其他同学学习，老师就没收了他的玩具，结果他在课堂上大哭大闹……

放学后，李女士到学校接儿子。班主任老师委婉地对她说："孩子现在对课堂纪律没有概念，还停留在幼儿园小朋友的认知水平上，以为在这里上课跟在幼儿园没什么区别。在学校我会尽力，在家的时候，希望家长也能配合我们的工作，多跟他说一些关于课堂纪律的信息。"

为了让儿子认识到小学的课堂纪律和学习环境，李女士可以说是费了九牛二虎之力，直到一年级下学期，孩子才算适应。

步入小学，孩子真正意义上开始接受九年义务教育。受幼儿园环境的影响，一年级新生不适应小学生活也很正常。所以，父母一定要提前教孩子一些基本的学习能力、生活能力，以便他们能很好地适应学校环境，避免在校期间出现各种意外状况，被同学嘲笑、厌烦，从而打击他们的自信心和对学习的兴趣。

再者，小学一年级是孩子养成良好习惯、塑造优秀品德的关键期，而培养好品质的基础就是孩子具备很强的环境适应能力。因此，为人父母需特别注意：孩子适应环境的能力是最基础的，它对其他方面的发展有重要影响。

制定的学习目标太高只会伤了孩子

当目标略高于现实，又有实现的可能时，对人的激励作用才是最大的。制定学习目标也是如此，最为理想的情况是跳一跳就能够得着，也就是说孩子努力学就能达到。

娇娇是女儿的同班同学，一天放学后，两人约好一起到我家写作业。进门的时候，我见娇娇背着一个大书包，神色凝重。后来我才知道，原来她单元测试没考好，不敢回家，害怕父母看到她的成绩后责骂她。

我记得娇娇说过，她父母希望她小学毕业后能考上市重点中学，所以，每天都会把学习计划排得满满的，让娇娇按照计划进行复习。

有些父母因为急功近利，总是将孩子的学习目标定得太高，他们觉得：将目标定得高一点，即使孩子达不到，也不会离目标太远。在这种心理的驱动下，有些父母甚至同时给孩子定下近期目标和远期目标——近期目标是保证班级第一、年级第一，远期目标是上北大、清华或者哈佛、剑桥等名牌大学。

要知道，目标太高，超出孩子的实际能力，很容易让他们产生挫败感。时间长了，持续不断的失败也会带给孩子巨大的心理压力：有的孩子觉得考试连接着父母的期望，结果还没开考就晕场；有些孩子由于总是无法实现父母定下的目标，于是破罐破摔，产生逆反心理，只要是父母说的话，不管对错，一概不听；还有的孩子缺乏自我调节能力，得不到父母的理解，不断地承受压力却无法解压，于是变得消极、抑郁……

制定学习目标本身并没有错，错的是父母总扭曲制定学习目标的真正目的。如果制定的目标过高，并由此产生一系列的负面影响，那就得不偿失了。所以身为父母，我们一定要引以为戒。

方法一：和孩子一起制定合理的学习目标

“凡事预则立，不预则废。”无论做什么事情，有计划才会有条理，最后才可能取得一个好结果。对孩子来说，正确的学习目标可以推动他们努力，从而产生实现这个目标的力量。所以，父母在帮孩子制定学习目标时应当充分了解孩子的想法、尊重孩子的意愿，根据他们的实际情况，有方法、有步骤地制定学习目标。

雪莹是个六年级的女孩，语文和英语的成绩都特别好，唯独数学成绩总赶不上来。新学期开始，妈妈问她：“雪莹，这个学期你有什么打算？”

雪莹想了想，说：“继续保持语文和英语成绩的同时，努力学好数学。”

妈妈又问她：“那你打算怎么学好数学呢？”

“多做一些题吧。”说完，雪莹略显沮丧地说，“之前我也做了很多题，可是没什么效果。”

妈妈语重心长地对她说：“做题应该建立在你对知识有一定了解的基础之上，否则，盲目做题肯定是没有效果的。”

在妈妈的帮助下，雪莹给自己定了目标——短期目标是：力争每天把数学老师课上讲的知识全都掌握，并根据知识点做一些相关的题，单元考试时争取每次都进步一点点；长期目标是：期末考试时争取考进班级前 10 名。

有了明确的目标，雪莹的数学成绩渐渐有所突破，期末考试时取得了很大的进步。

启发孩子自己确立学习目标和学习计划，而不是越俎代庖地替孩子制定。绕过孩子的实际情况为其制定目标是不尊重孩子的表现，也难以激发孩子的自觉性、主动性。所以，如果你是有心的父母，请和孩子商量着来，按照他们的实际情况协助他们制定切实可行的目标和计划。

方法二：让孩子学会修正学习目标

孩子的学习经验总是一个从无到有、从少到多的过程，刚开始，他们的经验肯定非常有限，即使制定了明确的学习目标，实践中也会遇到一些困难。这时，父母要及时引导孩子根据现状调整学习计划。

小陈上初中后开始痴迷于英语，每个周末都会去参加市里的英语角，英语口语有了很大的进步，于是，他对英语的兴趣大增。每天放学后，他都会自主学习一个小时的英语，而且每次英语考试，他都是年级第一。

渐渐地，他觉得自己的英语已经稳居年级第一，于是开始有点懈怠。陈忠发现儿子的这种状况后，对他说："你要知道，你觉得自己非常不错了，可还有很多人比你厉害呢。"一个周末，陈忠带儿子去外语学院逛了一圈，结识了几位英语系的大哥哥。用英语聊天过程中，小陈才发现自己的英语水平跟他们相比，差得实在太远了。他们不仅可以同步翻译，还能用英语探讨当前经济热点，这样的水平和能力是他远远达不到的。

回家之后，小陈重新调整了自己学习英语的目标，在当前基础上开始朝着更高一级冲刺。

父母是孩子一生中第一任导师，有责任及时引导孩子走出学习的误区。小陈的爸爸在发现儿子在英语学习上出现波动的情况后，带他去大学接触、见识英语水平更高的人，从而让小陈认识到自身的不足，重新调整学习计划，在原有基础上继续提升自己的能力。

逼得太紧，会使孩子变得烦躁、焦虑

学习和休闲娱乐就如吃饭和喝水一样，是生活中必不可少的部分。所以，父母不能一味地让孩子学习，要让他们注意劳逸结合，协调好学习和娱乐之间的关系。

我有个朋友在一所小学当班主任，一天他和我说，他的班上有个男生居然在随笔中说，他要把爸爸赶出门，让他在外面冻死，之后自己离家出走，再也不回来了。

朋友知道这件事后，担心这个男孩心理出现问题，于是马上找他谈话。追问原因之后，这个男孩说，他的爸爸将他房间里所有跟学习无关的东西都拿走了，既不让他看电视，也不允许他上网，要他把所有时间都花在学习上。有一次，他写完作业觉得有点累，就想看会儿电视换换脑子，没想到爸爸一边拉着他的胳膊，一边拽着他的耳朵，让他去看书……

想让孩子努力学习考重点学校，原本无可厚非，可是在关注孩子学习的同时也要注意给孩子适当的放松空间。现在的孩子大多数是独生子女，有非常强烈的自我意识，在学习上逼得太紧，很容易引起他们的逆反心理，甚至促使他们做出过激行为。

以“为了你好”为由，剥夺孩子休闲娱乐的时间，日复一日，他们就会产生厌学情绪或者偏执的念头。玩是孩子的天性，他们在玩的过程中对事物进行探索，违背成长规律，怎么可能培养出各方面优秀的孩子来呢？

方法一：别给孩子太大的学习压力

生活中，有的家长给孩子报辅导班，有的家长给孩子多布置一些作业，有的则要求孩子课堂上多举手……这样做的目的无非是想让孩子学习更好。如果因为过于重视学习成绩而让孩子在小小年纪就背负太多的压力，这些做法实在不可取。

女儿上二年级那年，有一次班里调换座位，老师把她跟一个男孩排到了一桌。听女儿说，她这个同桌平时做作业特别认真，很少因为审题失误被扣分，而且他的作文也总是被当作范文。乍一听，我以为这个男孩是个优等生，可期末考试分数下来，女儿说他在班里排 40 多名，我感到特别惊讶。

参加家长会时，我找机会看了一下他的试卷，发现他失分的地方都不是因为不会，而是因为马虎将最后结果算错了。我很纳闷，平时认真仔细，为什么一到考场上他就马虎了呢？后来，在跟他爸爸交流的时候，他爸爸对我说："考试之前的几个晚上，我儿子每天都半夜才睡，问他怎么了，他说他睡不着。"

"孩子这么小就失眠？"我感到不可理解，一个才 9 岁的小学生怎么可能会失眠呢？"难道是他压力太大了？"通过跟孩子爸爸聊天，我发现，这位父亲好胜心特别强，他无意中透露，他要求孩子期中考试至少要考进班级前三名。孩子心里很清楚，以自己的能力，要想考进班里前三名是不太可能的事。但爸爸就这样要求，于是男孩害怕、紧张，压力大。

学习本来已经让他们精神紧张了，如果父母再过度施压，孩子肯定受不了，轻则产生厌学心理，严重的甚至有可能产生人格上的缺陷。所以，我的建议是，父母在学习上不要给孩子太大的压力，要把侧重点放在培养孩子的学习习惯和生活习惯上。

方法二：让孩子学会劳逸结合

孩子和成年人一样，也会紧张、困惑。但是，由于年龄小，他们一般都无法找到正确的自我调节方法，这时就需要家长的帮助，让他们学会劳逸结合。

可可从小到大，既经历了健康、向上、快乐的童年，也有着积极、刻苦、烦恼的时光，以至于如今形成了理智、独立、自信、坚毅的优秀品格。

可可家的学习氛围很浓。可可妈从事的是教育工作，回家除了做家务就是看书；可可爸是公司领导，也特别喜欢看书，可可受爸爸妈妈的熏陶，从小也养成了看书的好习惯。

从上小学一年级开始，可可就利用一切时间努力学习，每科成绩都很优秀，尤其是英语和数学尤为突出。可可最喜欢的是英语，每当她学习累了、疲倦了，就会朗读一段或者听一段英语。之后，可可的心情就会很愉快。

可可的老家在农村，每到假期，妈妈都会带着可可回老家。整个假期期间，妈妈从来都不会督促可可写作业，只是让可可自己安排。于是，可可既能享受到愉快、轻松的假期，又能按时完成自己的作业。

除了学习，可可经常参加活动，比如游泳、溜冰、舞蹈，她还对一些知识类的电视节目也情有独钟……尽管如此，可可从来没有因为这些而影响过学习，她的成绩总是能够保持稳定。

我们总说，不会休息的人就不会工作，其实孩子同样如此。身为父母，我们不仅要关注孩子的学习，也要保证孩子身心的健康发展。在繁重的学习之外，可以培养孩子的兴趣爱好，让他们从中得到调节，消除学习带来的紧张，保证他们健康、茁壮地成长。

积累是成长的重要环节

对孩子来说，知识的掌握和巩固靠的是平时的点滴积累，这样才能形成一个庞大的个人知识宝库。

比如商业巨人福特，众所周知，他年少时曾在一家机械商店当店员，每周的薪水只有 2 美元多一点。尽管如此，他还是把这些不多的钱用来买机械类书籍，用心钻研，从来没有间断过。长期的积累让福特掌握了大量机械方面的知识，最终，他如愿以偿，在机械界开创了一番事业。功成名就后，福特说："积蓄金钱虽好，但对年轻人而言，学得将来经营所必需的知识与技能，远比蓄财来得重要。"

与之相反，许多父母和孩子都有一种急功近利的心理，渴望能在短期内快速提升。我女儿也曾犯过这样的错误，在她努力了几天之后，成绩依然没有多大的提高，于是她失落地跑到我面前向我诉苦，我便趁机给她讲了一个寓言故事：

一天，一个农夫在地里种下两颗种子，经过阳光雨露的滋润后，它们逐渐长成了两棵同样大小的树苗。

其中一棵树决定先长壮实一点，因此它拼命地吸收地下养料并储存起来，不放弃每一次生长的机会。因为这个原因，在最初的几年它都没有结出果实，农夫特别恼火。而另一棵树同样拼命地吸取养料，不过它一门心思地想要早一点开花结果。

又过了一段时日，第一棵树因为树干粗壮、养分充足，终于结出了又大又甜的果实。而那棵太早开花的树，因为过早负重，最后结出的果实苦涩难吃。后来，农夫用斧头将它砍倒，当柴烧了。

孩子就如同一颗种子一样，在成长过程中，父母要对他们有足够的耐心，只有注重他们自身的积累，他们才有实现自己梦想的那一天。

方法一：积累，一定要有目标

积累最重要的是要有一个明确的目标，换句话说，只有有目标的积累才可能是最有效的。因为有了目标，才能把计划做得具体、详细且有针对性，才能判断知识的相对价值，从而明确“积”什么、“累”什么，按照自己的实际需要做出选择。

为了培养女儿的表达能力，有一位妈妈可谓煞费苦心。在她的家里，卡片随处可见，有的是从书报上剪下来的；有的卡片上是一幅画，旁边是简单的几个字；有的是妈妈自己做的；有的是妈妈和女儿一起做的……这些卡片，几乎每张都有一个故事。

女儿特别小的时候，家里的经济条件不怎么好，父母不能给她买更多的玩具。到了女儿学说话的阶段，妈妈为了锻炼女儿的语言表达能力，就做了这些卡片。每张带图的卡片都有一个场景，妈妈每次画完后都会根据图中的情景编一个故事讲给女儿听，讲完后让女儿试着再讲一遍。刚开始，女儿只能说简单的几个关键词，渐渐地，就能完整地说一两句。到了七八岁时，女儿居然能根据卡片上的图简单复述一个上百字的小故事，而且逻辑清晰、字词恰当。

比如，有一张卡片里是一幅大海的图，女儿最初只是简单地说“海”“大”“蓝色”“美丽”等，后来就能说“好美的大海呀，我喜欢在海里游泳”，再后来她加上自己的构想“蓝色的大海无边无际，十分美丽，我非常喜欢它。大海里面有各种各样的鱼，它们自由自在地生活着。放假的时候，小朋友们可以去海边玩儿，在海滩上跑来跑去，开心极了……”

看图说话是这位母亲在教育女儿时的方法，不可否认，她确实是一个有想法的母亲。她的目标非常明确——培养女儿的表达能力，于是在女儿开始学说话的时候，就产生了做卡片的想法。

可见，有了目标，方向就会变得明朗起来，为了实现目标而采用的方式方法也更具有针对性。否则，广而学之，掌握的知识不仅零散，还缺乏系统性，很容易忘记。对于正在求学的孩子来说，虽然我们不提倡只看重成绩，但成绩却能从一定程度上衡量孩子积累知识的多少。如果孩子缺乏目标地学习，即使付出再多的时间和精力，知识掌握得也不会牢固，成绩自然也不会有所改善。

方法二：积累知识，一定要坚持

很多孩子在积累知识的道路上，往往在距离成功只有一步之遥的时候停下了脚步，结果功亏一篑。荀子在《劝学篇》里说：“不积跬步，无以至千里；不积小流，无以成江海。”意思就是，没有一蹴而就的成功，只有一步步地坚持，才能在积累到一定程度的时候发生质的改变。

周末，我陪孩子在家练钢琴，隔壁单元的邻居来串门。她听女儿弹完《一闪一闪亮晶晶》之后，感慨道：“真羡慕你女儿，这么小的年纪，钢琴就弹得这么好。”说着，她长叹一口气，“我儿子和你女儿年龄差不多，可是，感觉我儿子跟你女儿相差十万八千里。不管干什么事，他都坚持不下来。上幼儿园大班那年，我带他去学古筝，结果不到两个月，他就说太枯燥，不学了。后来，他自己提出来要学钢琴、画画、小提琴，我也都同意了，只不过都没学多久，就不了了之了。其实，我儿子不笨，学东西挺快的，就是没有毅力，坚持不下来……”

学习知识靠的就是积累，积累的过程离不开坚持，只有坚持，才能取得最后的胜利，那些不能坚持、半途而废的人，注定与成功擦肩而过。

陪孩子慢慢进步

“望子成龙，望女成凤”是天下父母共同的心情。但是，在孩子成长和学习的过程中，父母也需要不断地学习和改变，这样才能更好地跟上孩子的步伐。因为，只有父母有效地教育，才能在潜移默化中对孩子起到影响和激励的作用。

小衫上一年级时，妈妈对她寄予了很大的期望。因为在整个幼儿园时期，小衫都被老师看好，是同伴中的佼佼者。为此，妈妈理所当然地认为，女儿上小学不会有什么问题。可是，几次单元测试后，妈妈发现小衫的成绩不怎么样，而且每次对女儿的责备一点作用都没有。更糟糕的是，只要有考试，小衫就表现出很紧张的样子，越紧张成绩越不理想。逐渐地，小衫也从原来活泼的状态变得沉默、胆小、不自信，上学的路上再也不叽叽喳喳地跟妈妈讲她在学校里遇到的有趣的事了。

后来，老师向小衫的妈妈反馈：小衫变了很多，课堂上不再积极举手回答问题了，下课也很少跟同学们玩，总是一个人坐在位子上发呆。小衫妈听后十分忧虑。

为了纠正自己的教育方法，她看了不少家庭教育类的书，明白了父母的言行对孩子一生的影响是巨大的，于是她决定改变自己。从此，女儿做作业时遇到不会的题，她一改之前脱口而出的责备，而是耐心地给小衫分析和讲解。

小衫妈将自己的注意力从考试分数和排名上移开，开始关注孩子身心的健康成长。只要有空，她就带小衫去公园玩或者参加一些有趣的户外活动……这些不仅开阔了小衫的视野，也锻炼了小衫的人际交往能力和抗挫能力。慢慢地，小衫重新变得活泼、开朗起来。

每次看到女儿灿烂的笑容，小衫妈都深深体会到父母真的要自我改变，陪孩子一起慢慢进步，因为这对孩子的成长来说有着重要的意义。对学习感到吃力的孩子，想让他们通过一两天的努力就有所提高是不可能的，父母一定要有耐心，在给孩子足够时间的同时，寻找最佳方法，陪着他们一点点进步。

方法一：感受孩子的点滴进步

我曾在网上看到过这样一则家长日记：

时间过得飞快，一转眼，儿子都要读二年级了。在这一年中，老师的付出和孩子的努力，让我看到孩子在各方面的进步。

刚开学时，儿子莽撞，做事随性，不懂收敛，经过一年的磨炼和努力，进步很大。行为方面也变得十分有礼貌，见人会主动问好，字也工整了很多。一次，几个孩子一同出去玩，看到儿子懂得照顾比他小的妹妹，觉得非常欣慰。

儿子的胆子也大了很多。以前，他天一黑就哪儿也不敢去，连上厕所都不敢。上学之后，他有了很强的集体荣誉感，学会了跟他人分享快乐。

儿子喜欢上了劳动，会帮助我做一些力所能及的事情。昨天晚上，我们吃面条。吃完后，我让他们爷俩收拾，可是儿子居然主动提出他来收拾；我让他把碗放到水池中，他却将碗洗了。

可能孩子还有好多方面都在进步，只不过没有表现出来而已。我相信，只要通过孩子和家长的共同努力，一定可以克服缺点。

教育是一份责任，孩子的成长离不开学校这片沃土，离不开老师的悉心教诲及辛勤付出，更离不开父母的关爱。陪着孩子一点一点地进步，既是父母的责任，也是为人父母所能得到的最好的安慰。

方法二：正确面对孩子暂时的退步

人的一生要经历许多挫折，任何人都不会只收获成功而不遇到困难，对于刚上学的孩子来说，学习不稳定更是家常便饭。孩子开始接受新鲜事物时，可能会表现出前所未有的兴趣、动力，取得理想的成绩。可是，有进步也会有退步，在孩子退步时，父母要如何应对呢？

我就认识这样一位糊涂的妈妈，她有一个女儿，刚上小学时，女儿觉得老师是这个世界上最厉害、懂得最多的人，学习劲头特别足。第一次考试，成绩单发下来，女儿的成绩是全班最好的——各科都是满分。拿着考卷，女儿越发觉得学习是一件非常有趣的事。妈妈看到女儿的成绩时，笑得合不拢嘴。为了奖励女儿，她带女儿去商场，让女儿挑选自己最喜爱的零食、玩具，并对女儿说："继续保持，别退步，下次给你买更多、更好的东西。"女儿兴奋得点点头。结果，第二次考试，尽管女儿依然是全班第一，不过这次的数学成绩却是97分。拿着试卷，女儿明显有些失落，她认为自己退步了。

回到家，妈妈看着这次的试卷，有些担忧：女儿是不是因为上次考得好，骄傲了？放松学习了？于是她严厉训斥了女儿。女儿觉得很委屈，甚至怨恨老师不给她打满分……

成绩出现浮动是正常现象，毕竟试题有难有易，因此不能单凭分数判断孩子是前进还是倒退。案例中，尽管女孩第二次考试成绩不是满分，但在班上排名仍然是第一，这足以说明她保持着非常好的学习态势。父母的责骂只会让孩子感受到“双重待遇”的巨大压力，不利于他们身心的健康发展。即便孩子真的因为一时贪玩导致学习退步，父母要做的是引导并相信他们，端正态度并继续努力，还是会取得进步的。

Chapter 8

能力培养，需要慢慢“熏”

孩子能力的培养，不是一朝一夕实现的

有这样几个案例：

案例 1：

佳佳是独生子，自小衣来伸手、饭来张口，爸爸、妈妈、爷爷、奶奶都十分疼爱她，从来不让她做家务，导致她连一些最简单的事也不会做。有一次，妈妈在佳佳的书包里放了一个煮熟的鸡蛋。中午在幼儿园吃饭时，佳佳拿出鸡蛋，因为不会剥蛋壳，鸡蛋就没吃成，下午放学又带回了家。

幼儿园老师也时常对来接佳佳放学的家人说，佳佳不会自己吃饭，老师不喂，她就不吃，看着饭发呆；而且她大小便从来不会提前说，几乎每天都会尿裤子。

更让人担心的是，佳佳已经 6 岁了，可连穿衣服、脱衣服这些简单的事都不会做，每次都会让家人来帮忙。眼看就要上小学了，妈妈替佳佳感到发愁……

案例 2：

有个女孩，平常在家行为举止都很正常，只是一见到陌生人就不敢说话，要么低头不敢看，要么自己躲在角落里。在学校，她上课不举手，老师叫她回答问题，她的声音小得像蚊子一样；课间休息的时候，她既不会主动和同学说

话，也不和他们一起玩，总是一个人坐在教室里，上体育课的时候，她也是一个人。

……

上面的案例只是两个典型案例，其实生活中这样的案例还有很多。面对这样的情况，可能很多大人都会感到无奈。但在我们心里感到不舒服的时候，更要积极想办法，培养孩子的各方面能力。

孩子的学习固然重要，但能力培养也很必要。仅重视学习而忽视了能力上的培养，孩子长大后也是不健康的。不会交际、不会工作、不会沟通、不会倾听、不会学习……任何一方面能力的缺失都会对孩子造成负面影响。因此，在教育孩子的过程中，一定不能忽视了对他们各方面能力的培养。可是，各方面能力的养成需要一个过程，都是经过长时间积累的。

方法一：让孩子做家务，逐步培养孩子的能力

关于孩子能力的培养，我们完全可以让他们从简单的家务做起，逐渐培养他们各方面的能力。

一次，我去一位朋友那里办事。下午，朋友接到了她7岁儿子打来的电话。儿子在电话里跟妈妈说，他已经把米饭焖上了，要炒菜时却发现冰箱里没有西红柿了。

在朋友跟儿子沟通这些事情时，我吃惊不已。一个七岁的孩子，居然知道在妈妈没有回家时主动做饭？我问朋友是怎么做到的，朋友说，儿子上学之后，她每次做饭都会将孩子叫到厨房，告诉儿子哪些菜怎么做；有时她下班晚了，就会打电话让孩子去做她教过的那些菜……长此以往就习惯了，儿子回家看妈妈不在，就会自己做饭吃。

朋友还对我说，她儿子不但可以自己做饭，还懂得照顾大人。一次她有些头疼，在沙发上躺着，儿子就给她倒了一杯水，并给她盖了毯子，自己才去写作业。

朋友还对我说，她儿子不但会自己做饭，还经常自己洗衣服、刷鞋。她说，我儿子长大了，也喜欢干净了，都是一天一换，要洗的衣服也特别多，我自己又特别忙，就告诉他："以后自己的衣服自己洗。"开始时，孩子不会洗，我就在身边教他，慢慢地就学会了。

从小锻炼孩子做家务，他们长大以后才能具备独立生活的能力。

孩子的自理能力怎样，直接取决于父母对于孩子的态度。让孩子参与家务管理，就要让孩子做些力所能及的家务事。比如穿衣服、洗袜子、整理房间等，逐渐培养孩子的生活技能、劳动精神和家庭观念。

不仅如此，在孩子成长的过程中，家务劳动和孩子的动作技能、认知能力的发展及责任感的培养都有密不可分的关系。所以，身为父母，一定要创造各种条件，采用一些方法，对孩子进行早期的劳动教育，让孩子拥有一双勤劳的手，培养孩子自力更生的意识，让孩子养成吃苦耐劳的精神。

方法二：一点一点地培养孩子的适应能力

女儿刚记事的时候，有一段时间不怎么爱出门，即使是带她去亲戚家，她也认生，不叫人，亲戚一抱她就哭。我觉得这样下去对女儿的成长不利，决定抽空多带她出去玩，多接触一些人和事，让她长长见识、增强适应能力。

每逢周末，我就带着女儿去公园、儿童乐园等人多的地方，并且教给她恰当的社交礼仪。过了大概一个月，女儿变得不那么胆小、不害怕陌生人了，而且带她到一个新的环境里，她也不会觉得特别拘束。后来，女儿上幼儿园、小学，也都可以很快地适应，并和老师、同学打成一片。

我记得女儿上小学二年级的那年暑假，我们搬家，不得不给女儿转学。面对陌生的学校、陌生的同学，为了让女儿更好地融入新环境，在带女儿去学校报到之前，我就带她去学校逛了逛。此外，趁着假期，我还带她在小区里和陌生的小朋友一起玩，和邻居打招呼……渐渐地，女儿开始接受这一切。暑假结束，女儿进入新学校，很快就适应新学校的生活。没过几天，她就带了几个好朋友来家里做客。

孩子怕生，遇到陌生环境或者陌生面孔总是感到不知所措，没办法很快融入。对于这样的孩子，父母不要总是让他们待在家里，要经常带他们去新环境、接触更多的陌生人，让他们从中去体验和发现，增强他们适应环境的能力。另一方面，让他们在新环境中多结交同龄的孩子，通过和朋友的友好相处，提高自己人际交往的能力。

如果刚进入新环境时孩子感到不适应，父母最好不要让他们单独置身其中，不妨握住他们的手、拥抱他们、用语言鼓励他们，陪他们待一会儿。当他们有了安全感之后，再尝试让他们在新环境中自由活动，父母只要做好监护就行。

孩子的阅读能力，不是“打”出来的

读书使人进步。对孩子来说，阅读可以让他们学到很多课堂上学不到的知识，从而增强他们的学习兴趣。可是，在现实生活中，并不是每一个孩子都喜欢阅读。有些父母给孩子买书、定读书计划，孩子完不成就对他们拳脚相加，实际上，这样的做法根本不能让孩子真正爱上阅读。

儿子上初一了，做完作业就玩儿，从来不看课外书。王女士听身边的人说，孩子就要多读书，将来才能考上重点学校，长大了才会有出息。于是王女士去书店，买了各种各样的课外读物回来。回来后，王女士将书往儿子房间一放，说：“看，我给你买了些书，以后有时间别总是玩儿，多看些书，以后才能有出息。”

第二天晚上，儿子做完作业要看电视，王女士抢过遥控器，让儿子进屋去看书。没一会儿儿子就出来了。王女士问他：“出来干什么？”儿子说：“喝水。”过了一会儿，他又出来……持续了一个小时，儿子断断续续出来好几次，王女士特别生气，朝着儿子后背就是一巴掌，生气地说：“给你买了这么多书让你读，你怎么就不听呢！就知道玩儿！”总之，不管王女士如何打骂，儿子就是不看，要么就是随意地翻两下，最后，这些课外书变成了摆设。

我们都知道，阅读是一个非常好的习惯，父母也都希望自己的孩子学识渊博。为了让孩子多看书，许多父母不惜买回一大堆书让孩子看。如果孩子听话，父母自然会特别高兴；如果孩子不看，有些父母就会恨铁不成钢，冲孩子发火。

引导孩子读书，不要单纯地把读书当成一项任务，而要引导孩子将阅读当成一件快乐的事。让他们知道，书里有他们喜欢的、感兴趣的、能满足他们好奇心的内容。阅读也是一种能力，需要慢慢培养，父母千万不能太心急，不然欲速则不达。

方法一：给孩子营造一个很好的读书氛围

经常会听到一些父母说：“我给孩子买了很多书，他就是不看，我也没办法。”其实，并不是孩子不爱看书，只是因为家里的阅读氛围不好——凭什么别的孩子都在玩儿，非让我看书？凭什么你们看电视，让我闷头看书？由此可见，父母光给孩子买书是不够的，更重要的是以身作则，营造良好的读书氛围，引导孩子爱上阅读。当父母放下手机、关掉电脑拿起书来阅读时，即使你不邀请孩子读，看到你津津有味地看书，他们也会受父母的影响，不自觉地融入进来。

曾经有一位妈妈向我抱怨：“为了培养孩子的阅读习惯，我不仅花钱专门为他隔了一个书房，还配了书架，买了很多书。但让我失望的是，他就是不喜欢读书。”

跟她聊天的过程中，我发现，她每天晚上吃完饭就会对儿子说：“做完作业就去看会儿书，给你买了那么多，也没见你读过。”她收拾完饭桌后，就坐在客厅，打开电视看。有时候看电视剧，有时候看一些娱乐节目，遇到有趣的情节，她还时不时地咯咯大笑。儿子在书房里听到后，心中不免觉得痒痒，哪儿还有心思看书。于是他在书房坐不住，总会不停找借口出来，然后看几分钟电视。

父母是孩子成长过程中的一面镜子。父母的言行举止、兴趣爱好对孩子的影响是直接的、深远的。特别是儿童期的孩子，一般他们都没有明确的学习目的，很容易受环境的影响。如果父母爱读书、看报，他们多半也会养成阅读的习惯；如果父母爱看电视、玩电脑，孩子也会对此痴迷。所以说，要想培养孩子的阅读习惯，父母就要从自己做起，言传身教，为孩子做好榜样。

方法二：帮助孩子，慢慢寻找读书的乐趣

有些父母感到头疼，在他们看来，孩子把读书当成了负担，像是为了完成任务似的，于是总会表现出一种应付的态度。有的孩子之所以喜欢玩，是因为他们能从中感到快乐。所以，如果能用正确的方法引导孩子读书，让他们同样感受到阅读带来的乐趣，相信孩子势必会爱上阅读。

女儿上学以后，为了让她积累词汇量，我们经常玩成语接龙的游戏。一开始女儿经常输给我，为了鼓励她，我有时会刻意输给她。尝到“打败”我的甜头后，她又会搜集更多的成语，这个过程需要不断地翻书、查成语词典等。

看到时机成熟，我就偷偷买来《成语故事大全》放在书架上。这一招果然很灵，我不在家时，女儿就如饥似渴地去读，准备了一大串成语来应对我。有时候我假装不知道成语的意思，她能马上解释给我听，甚至还能说出其出处。

后来，应女儿的要求，我给她报了一个书法培训班。为了调动她的积极性，我和女儿约好，每天放学回家后她负责把当天学习的内容教给我。每天，我们两个都会从书架上选一本书，摘抄里边的优美句子，看谁写得又快又好。

没有苦口婆心的劝说，没有声色俱厉的强迫，偶尔我们还互相吹捧几句。虽然这耗费了我不少精力，可是，这种你追我赶的阅读、学习特别有意思，而且亲情变成了友情，母女看似姐妹，我们彼此的心也靠得更近了。

如果时间允许，和孩子一起读书、一起探讨书中的内容，这样更容易让孩

子发现读书的乐趣。比如，晚饭后，一家人可以坐在一起，各自朗读一段喜欢的句子给家人听；如果对书中某一角色有不同的认识，可以说出自己的看法，大家一起探讨，这样不但能对故事情节、人物有深刻的印象，也能为孩子的写作挖掘并积累素材。

孩子的动手能力，不是“说”出来的

科学家研究发现，让孩子多动手，不但可以锻炼孩子的动手能力，还可以促进孩子的智力发展，让孩子变得心灵手巧。可在现实生活中，许多父母觉得孩子只需要安安静静地听自己讲怎么去做就够了，从来都不鼓励孩子亲自动手实践。

孩子在动手实践时可能并不会如父母预想的那样顺利，总会遇到许多意想不到的困难，也无法迅速找到克服这些困难的办法。但是，要知道，孩子动手能力的培养，并不是父母简单地说几遍就行了，而要通过反复练习、不断积累经验。

有个小男孩叫小小，是班里唯一一个不会手工的孩子。

小小妈一直觉得，小小是个男孩，不应该跟家务活沾上边。她逢人总是说：“好男儿志在四方，男孩子怎么能在家务活上瞎耽误工夫？”

一天，小小从幼儿园放学回家，拿起笤帚想把客厅的地扫一下。妈妈见了，急忙把笤帚抢过来，说：“我的小祖宗，你拿它干什么？你是男孩子，这不是你该干的，快去玩儿吧。”

小小撅起嘴，说：“我们幼儿园的老师说，每个人都应该参加劳动，劳动是光荣的。我想从扫地开始，学习干家务活。”小小说得有模有样。

妈妈笑道：“我知道，小小是个乖孩子。既然小小想扫地，那妈妈告诉你扫地的注意事项，你知道如何打扫就行了，不用亲自做。”结果，在幼儿园里，小小拿起笤帚，还是不知道该从哪儿下手扫地。

从一开始，小小妈就给孩子灌输了一个错误的观念：男孩志在四方，跟家务活丝毫扯不上关系。实际上，做家务活是锻炼孩子动手能力最直接、最有效的方法，如果孩子连最简单的家务都不会做，更不要指望他们会把复杂的事情做好。因此，父母要鼓励孩子做力所能及的家务。

方法一：不要代替孩子动手，帮助他们想办法

小光的小椅子腿松了，他努力地摆弄着，想将椅子腿给固定好。但是，他花了一个早上的时间都没能成功，最后不得不向爸爸求助：“爸爸，我的椅子腿坏了，你能帮我把它修好吗？”

爸爸走过去，低下头看了一下，笑着对小光说：“问题不大，我相信你自己可以修好的。”

“爸爸，我不能。我试过了。”小光低着头，小声地说。

“你用螺丝刀了吗？”

“没有。”小光实事求是地回答。

“你先从工具箱里找一颗这样的螺丝钉，然后再把螺丝刀拿过来，我教你怎么弄。”

小光拿来螺丝钉和螺丝刀，爸爸用手指着一个小孔说：“这儿有个孔，看到了没有？”

“嗯，看到了。”小光说。

“好，现在你把螺丝钉放在这个小孔里面……慢慢地，用螺丝刀把它拧紧……”

不一会儿，小光就把他的小椅子修好了。从那以后，小光可以自己修理小

椅子、小桌子了，有时家里其他的小件家具坏了，小光也抢着要修……

案例中，爸爸为小光提供了帮助，可是并没有直接上手把椅子修好，而是给小光指出问题所在，并教他如何把椅子修好。确实，如果小光爸自己动手修，花一两分钟的时间就够了，远比他教孩子修理花费的时间要少，但小光爸并没有这么做。小光爸的举动告诉我们：孩子遇到困难需要父母提供帮助时，我们帮他们把问题找出来，给他们提供一些指导就可以，绝对不能代替孩子去做。孩子只有通过亲身实践，才能增长经验、不断成长。

方法二：给孩子创造动手的机会

晚饭后，桐桐非要喝橙汁，爸爸习惯性地拿出研磨器，然后把橙子切开，准备给他榨汁。可是，没想到小家伙这次来了兴致，突然要求自己动手做。考虑到没有安全隐患，桐桐之前也多次见他们榨过，于是桐桐爸同意了。

桐桐接过橙子，学着爸爸妈妈之前榨汁的样子在研磨器上开始操作。虽然孩子小，力道不足，每次榨出来的橙汁很少，但他的架势看起来却是像模像样的。正在桐桐看着橙汁顺着容器往下流，开心得不得了的时候，妈妈看到后匆匆忙忙赶过来，说怕桐桐受伤，非要从桐桐手里接过东西帮他榨，气得桐桐哇哇乱叫：“你去看电视吧！我能行！”

家里院子的角落有个花园，桐桐妈在里面种了月季花、葡萄秧等。星期天，阳光明媚，桐桐妈往两个小水桶里灌水，准备去花园浇水。正在一旁玩儿的桐桐看到了，既好奇又兴奋，扔下手中的玩具跑过去，说：“妈妈，我拎这个小点的水桶吧。”可桐桐妈却说：“你还太小，拎不动，万一再把衣服弄脏、弄湿就麻烦了，还是我来吧。”

看到妈妈执意不肯让自己帮忙，桐桐耷拉着脑袋继续玩自己的玩具了。

很多父母越来越重视对孩子的教育，可是往往因为不懂教育的真谛，于是总是有意无意地剥夺孩子实践的机会。比如，剥橘子、鸡蛋、苹果等，孩子想吃，父母习惯性地剥开、去皮之后再拿给孩子，为的是让他们吃起来容易些。

但是，父母为孩子提供方便的同时，剥夺了他们亲手实践的机会，让他们无法体会到克服困难、取得成功的喜悦，甚至会让一些孩子养成一种惰性。所以，我们要做有远见、有格局的父母，生活中给孩子提供一切能够让他们动手的机会，培养他们的实践能力。

孩子的独立能力，不是“骂”出来的

孩子总有一天要长大，离开父母的怀抱，独自面对生活、面对挫折。一个长不大的孩子，就如同温室里的花朵，弱不禁风，根本没办法经受丝毫的风吹雨打。所以，父母之爱，莫过于放开双手，让孩子多经历、体验、独自面对，从而成长为一棵参天大树。

孩子的独立能力不是父母骂几句就能形成的，同样需要慢慢培养。况且，骂孩子并不能改变他们对事情的认知和态度，反而有损父母在孩子心中的形象。

一位母亲为了让考上美国某著名大学的儿子衣食无忧，给儿子做陪读。终于，儿子在母亲的陪同下去了美国。

母亲四处打零工，省吃俭用，还变着花样给儿子做饭。几年后，儿子毕业，应聘到一家名企上班，母亲却因为过度劳累而重病不起。母亲病倒后，儿子手忙脚乱，生活不能自理，并为此耽误了工作，最后被公司解雇。他去别的公司应聘，最后也都是同样的结果。

这个事例虽然有些极端，但也引起我们的反思：在教育孩子的过程中，我们是否有意或无意地包办了孩子力所能及的事？在重视孩子学习成绩的同时，是否限制了孩子的自我发展，忽略了培养孩子应对生活的能力？

我的一个高中同学有个令人羡慕的女儿，说到育儿秘诀，她一语道破：“我女儿今年 13 岁，得过省级古筝比赛少儿组的第一名，她才艺好，学习上也不耽误。而且，洗衣服、做简单的饭菜、收拾家务等，她样样精通。有时候到了周末，早上我跟她爸还没起床，她就准备早饭等我们起来吃。一想到女儿生活可以完全自理，我就十分欣慰。别人都羡慕我，夸我女儿优秀，他们哪儿知道我这个当妈的从一开始就费了很多的劲儿。从上幼儿园时，我就鼓励女儿自己的袜子自己洗；4 岁时，每天上学出门都检查一下，看用不用提一兜垃圾下去；5 岁时，每个周末我都让她跟我一起收拾房间，她擦桌子、扫地，我洗洗涮涮；10 岁时，让她自己坐公交车上下学，去古筝老师那儿练习古筝……”

好习惯都是慢慢养成的，孩子的独立能力也是这样。

我国著名教育学家陈鹤琴先生说过一句至理名言：“凡儿童自己能够做的，应当让他自己做；凡儿童自己能够想的，应当让他自己去想。”放手让孩子自己做，激发他们的无限潜能，如果一直“大手帮小手”，那么孩子永远无法独立面对生活。父母只有下定决心，给孩子创造机会，才能培养出拥有独立性格的孩子。

方法一：拒绝溺爱，孩子才会独立起来

我记得网上曾报道过这样一则新闻：

重庆的一个女大学生，在毕业之后两年的时间里一共换了 26 份工作。她跳槽的主要原因是跟单位的同事无法相处，也不能独立完成领导交给她的工作。大家都很疑惑，为什么上了四年大学，又在职场待了两年，她会是这样的情况呢？究其原因，是因为她有一位对她过度溺爱的母亲。

女孩大学毕业后，不管在哪里上班，每天出门前妈妈总会帮她查路况，然

后告诉她去公司的最佳路线，并将离公司较近的、好评率较高的餐馆告诉她。妈妈认为女儿性格有些内向、为人老实，担心公司的一些人欺负她，于是每隔一个小时打一次电话，问女儿在哪里、做什么……

不难发现，这个女孩之所以不独立，根源就在于母亲无原则的溺爱。

父母为子女操心本来无可厚非，但事无巨细地为孩子安排，很容易形成过度的保护，让孩子在成年之后无法“断奶”，导致心理发育迟缓，工作能力缺失，人格发育不健全等。

天下父母没有不爱自己的子女的，但要把握好度。对孩子提出的要求不管是否合理，一律应允，一味迁就，甚至把孩子的缺点也当作优点来爱，就是一种不恰当的爱——溺爱。对孩子娇宠有加，事事不让孩子动手，其实是害了孩子。对孩子真正的爱是让他们学会独立，毕竟我们不可能陪伴孩子的一生。

方法二：激发孩子独立做事的兴趣

许多父母认为，孩子只要学习好就可以了，至于生活技能，无论有没有都无所谓。这种错误的想法，只会培养出高分低能的孩子，将来他们也无法在社会上生存。

女儿12岁时，开始注重穿衣打扮，衣服每天都换新的穿，从而增加了妈妈洗衣服的负担。有一天，妈妈对她说：“闺女，我工作忙，你都12岁了，应该学着帮我分担一些家务。以后你的衣服得自己洗了。”

到了周末，妈妈发现衣架上堆着几件女儿的脏衣服，于是把女儿叫过来，让她尝试着自己洗。毕竟是第一次洗衣服，女儿难免不知所措，于是妈妈就在旁边悉心指导。当女儿真正自己动手洗衣服的时候，发现并没有想象中那么难，而且看着盆里洗衣液的泡泡和逐渐被自己揉搓干净的衣服，她心里美滋滋的，特别有成就感。从此以后，女儿不仅学会了洗衣服，还很乐意帮妈妈做家务。

在孩子独立完成某件事后，父母要懂得适当地表扬，让他们在父母的表扬和赏识中获得荣誉感，这样有助于将这种良好的情感体验持续下去，增强他们独立做事的兴趣。

如果你的孩子年龄小，做事的目的性不强，那么你可以通过游戏的方式去提高孩子独立做事的兴趣，比如，扫地时可以跟孩子比赛，看谁扫得干净；洗衣服时，看谁洗得干净等。除此之外，父母需要注意的是，做事的内容要根据孩子的实际情况而定，既不能太复杂，时间也不能太长，以免适得其反，让孩子产生厌烦、不自信、缺乏耐心等状况。

孩子的思维能力，不是“想”出来的

我记得女儿有一次做数学练习，遇到这样一道思维题：“10 名小士兵排队集合，要求站成 5 排，每排站 4 个人，应该怎么站？”女儿盯着题，一脸茫然，我也陷入自己的思维定式，怎样也搞不定。后来丈夫轻轻点拨：“五角星……”顿时，我恍然大悟。通过这件事，我开始思考：到底应该怎样培养，我们才能从固有模式中跳出来？

儿童时期是智力发展的重要阶段，如果这段时期父母能够多注意，孩子能在各方面得到突破性发展：从简单的动作思维到形象思维，再到逻辑思维。在孩子处于儿童阶段时，对孩子进行有效的思维训练，孩子一定会受益一生。

很多人都说我女儿聪明、优秀，其实她之所以如此，完全是因为我们在她很小的时候，就十分注重对她的思维能力的培养。在家里，每次她对我提出问题时，我绝对不会第一时间把答案告诉她，而是引导她先自己想一想，然后再跟她一起讨论、分析、得出结论。

要想孩子思维灵活，就要鼓励他们在遇到问题时自己多想一些解决的办法，这样一来，他们就会积累不少的经验，尤其是出门在外独自面对问题时，才能够快速反应、全面思考，从而寻找最佳解决方法。当然，让孩子思考问题、解决问题，并不是单纯地让他们做做数学题、练习题就可以了，在实际生活中遇到的一些事，父母与其代替孩子解决，不如抓住机会让他们开动脑筋、自己想办法，因为让孩子寻找解决问题的办法远远比直接告诉他们答案重要得多。

方法一：让孩子学会思考，引导孩子提升思维能力

许多孩子遇到疑难问题时，由于懒惰心理，总希望能从父母那儿直接得到答案。有些父母对孩子有问必答，尽管解决了眼下的问题，可从长远看，孩子会养成依赖父母的习惯，再遇到问题时仍然不会解决，这对孩子的智力发展无疑是不利的。

鑫鑫的学习成绩在班里排中等，虽然平时学习很努力，但有些知识点掌握起来还是有点吃力。不过鑫鑫有个习惯，就是对于不会的知识点，她习惯通过思考做到举一反三。有时候到夜里十点了，鑫鑫还在埋头做题，有很多次，父母心疼她，想帮她快点把题做出来让她早点休息，都被鑫鑫拒绝了。

有一次，鑫鑫爸洗漱完正准备睡觉，发现鑫鑫屋里还亮着灯，扭头一看客厅的钟表，快十点半了。于是他进屋一看，鑫鑫正在做一道计算题。

“还没写完作业呢？”爸爸问。

“嗯，这道代数题我算不出来。”

“我帮你看看，赶紧算完睡觉，时间不早了。”

“不用，我先自己想想。”

爸爸在鑫鑫旁边坐下，看着她一步步演算。最后，鑫鑫爸发现了鑫鑫演算期间存在的问题，于是用手指了一下，对鑫鑫说：“注意一下这里。”鑫鑫返回去看了一眼，似乎明白了什么，然后把数带入，重新计算。

十分钟过去了，鑫鑫终于算出了正确答案，她看着爸爸，开心地笑了。

如果孩子遇到问题不能独自解决时，父母可以帮忙，但坚决不能“越俎代庖”，适当给他们一些启发，指出需要在哪里引起注意，或者帮助他们一起查找资料，让他们自己找答案。只有这样，他们才会渐渐地提高应变能力。

有人说“思考能够拯救一个人的命运”。换句话说，遇事积极思考，一旦具备了思考力，必然能够克服人生中遇到的各种障碍，从而真正掌握自己的命运。

方法二：保持孩子的好奇心

“妈妈，恐龙的祖先是什么？”

“妈妈，这个世界上到底是先有鸡，还是先有蛋？”

……

随着孩子逐渐长大，他们的问题也会越来越多，经常会问一些“为什么”，这些问题时而稀奇古怪，时而令人瞠目结舌。刚开始时，父母或许还能耐心地回答一两个，可是渐渐地，有的父母觉得自己回答不出来或者无法忍受孩子不停地提问，要么充耳不闻，要么失去耐心，对孩子发脾气。

“妈，为什么小鸟能站在电线上？”

“不知道。”妈妈终于憋不住了。

“妈妈，你怎么会不知道呢？你肯定知道，告诉我……”孩子不依不饶。

妈妈朝着孩子大吼道：“你是不是没事干，以为我像你一样清闲啊？要是再问这些无聊的问题，我就不喜欢你了。”

孩子听妈妈这么一说，赶紧安静下来，并急忙向妈妈保证：“妈妈，我再也不问了……”

面对孩子的问题，即使回答不上来，父母也绝对不能像上述案例中的妈妈那样说孩子、吓唬孩子。孩子提出的一些问题在父母看来也许特别无聊，但这却是他们认识世界、探索世界的一种表现。如果这个时候抱怨孩子问题多、事多，不仅会打消他们的积极性，还会扼杀他们的好奇心。毕竟只有通过问无数个“为什么”，才会进一步激发他们无穷的求知欲和探索精神，进而主动思考、寻找答案。

孩子的创新能力，不是“教”出来的

但凡有点见识的父母，没有哪个不希望自己的孩子长大以后成为一个创新型人才。可是，即使父母拥有这样美好的愿望，如果培养方式不当，就会折断孩子创新的翅膀。

一位妈妈到幼儿园接儿子回家，到了学校门口发现接孩子的家长寥寥无几，她这才突然意识到今天是周五，比平时多一节手工课。她想：来都来了，不妨趁这个机会看看儿子的手工做得怎么样吧。于是她跟老师申请，坐在教室后边旁听。

手工课上，老师给小朋友们每人发了一套七巧板，教给他们玩七巧板的方法后，让他们自己拼小汽车的模型。按照老师教的方法，别的小朋友都用七巧板拼出了小汽车，可唯独自己的儿子不知道闷头在那儿做什么。

过了一会儿，老师觉得时间差不多了，开始检查大家的手工成果。妈妈见儿子没有做出来，不禁为他暗暗着急。但让她没想到的是，老师竟然表扬了儿子，说他没有按照老师教的方法，而是根据自己的想象做出了不同的模型。

听了老师的话，妈妈心里觉得不舒服，认为儿子在班里被老师点名，是他不守规矩的表现。于是回家的路上，妈妈批评了儿子：“以后老师让你怎么做，你就怎么做。今天手工课上，你这哪儿是什么创新啊，你看你做的，那不是给老师捣乱吗？要是以后你再不听老师的话，回来小心我收拾你。”从此之后，儿子乖乖听老师的话，再也没有得到老师“积极创新”的表扬。

本来孩子根据自己的想象力拼出了小汽车，但是因为做法和模型跟老师教的、其他孩子拼的都不一样，于是妈妈认为儿子没有按照老师规定的要求来，是一种乱搞行为，并为此批评、警告儿子。这是一种错误的教育方式，会扼杀孩子的想象力，让原本乐于独立思考、走不同路线的孩子丧失了创新的动力。

现在的孩子面对的是一个日新月异的社会，墨守成规、故步自封的结果就是落后、失败，只有不断创新，才能迎来更多的机遇和挑战，获得更大的成功。所以，作为父母，我们要做的除了有意识地培养孩子的创新能力，还要在他们创新时予以鼓励。

方法一：培养孩子的观察力

虎虎是表姐家的儿子，我特别喜欢他，每次见到他，他都在一旁静悄悄地观察动物、植物。

一个夏天，我到她家串门，刚走到她家楼下，就看到许多孩子在院子里跑着打闹。只有虎虎坐在小区里，借着微弱的灯光，观察着一只小蜘蛛。看到他专注的样子，我不忍心去打扰，就饶有兴趣地站在他身边。

忽然，一个声音传到我耳朵里，是表姐。她对我微微一笑，然后扭头对儿子说：“你天天盯着这个看啥，要么就出去玩儿，要不就回家写作业。”

“妈，我的作业写完了。”虎虎小声地说道。

“写完了，就去玩儿吧。”

“但是，我不想和他们一起跑着玩儿。”

“那你到底想干什么？整天看一些乱七八糟的东西，一点儿用也没有，要是闲得没事，就回家复习功课吧，要不然帮我干活……”

虎虎虽然调皮一点，但他的观察力非常强，表姐的教育方式显然有问题。

虎虎被表姐痛骂一顿，我忍不住上前劝说："其实，我觉得虎虎做得挺好，不要觉得这些和学习无关，我看虎虎在未来绝对有出息，就凭着他的观察力。"

"你不是在开玩笑吧？天天观察就会有出息了？"

"自然，观察可是创造的第一步。虎虎的观察力这么强，他的创造天赋一定也不会弱。这样的孩子，将来很可能会有一番作为。千万不能打击孩子，要不然，他在创造方面的才能就被你扼杀了。"

表姐将信将疑地点了点头，一边走，一边小声说道："我记得上次他还说，老师说他的思维很活跃。在家也总提出不同的观点，难道真的是因为观察力吗？"

观察力是创造力的第一步。只有仔细观察，才能发现问题，进而在脑子里思考怎样去解决这个问题，然后动手实践自己的设想，最后才会形成创造力。

孩子天生就具有好奇心，看到任何东西都想上前观看一番，这正是创造力所必须的条件之一。如果孩子喜欢观察，就要大力支持、鼓励，不能对孩子进行攻击。

方法二：激发孩子的想象力

激发孩子的想象力要从日常生活中的小事做起，给孩子留一些时间和空间，让他们尽己所能去想象，这会对他们创新能力的提高有莫大的好处。

我包饺子，女儿看到了，会指着其中一个说："妈妈，这个饺子好看。"

我就趁机问她："你看这个饺子像什么？"

"白菜。"

……

女儿坐在沙发上吃苹果，我故意问她："你吃什么呢？"

“这个，又大又圆的红苹果。”女儿边说边向我示意。

“哦，我还以为你在吃一个小火球呢。”

“小火球？难道不像我画里画的太阳吗？”然后，她咬掉了一口，继续说道，“现在它成了一个不太圆的太阳了。”

……

女儿在纸上乱涂乱画，有时我猜不出她画的是什么，就问她：“你画的都是什么呀？”

女儿则有模有样地指着她的画告诉我：“这个是房子，这个是兔妈妈，这个是花，这个是小虫子……”

每个孩子的头脑中都有一个丰富多彩的世界，经常引导他们进行联想，可以调动他们的认知资源，将眼前的事物跟头脑中的某个形象联系起来，从而培养他们的想象力。只有具备想象力，孩子才有创新的可能。

一天，有人给一个孩子出了一道题，问她：“鱼缸里养了三条金鱼，死了两条，那么还剩下几条？”

这个孩子想了想，回答说：“一条金鱼都没了。”

出题人听了感觉很纳闷，毕竟孩子已经上幼儿园，最基本的加减法应该会，可他居然说鱼缸里没有金鱼了，于是就问：“你确定吗？”

“嗯，确定。两条金鱼都死了，主人怕剩下的那条金鱼伤心，就给它换了一个鱼缸。原来的鱼缸里就一条金鱼都没有了。”

爱迪生曾说：“想象力永远比知识要重要，因为知识是有限的，而想象力概括这世界上的一切并推动着人类的进步，想象才是知识进化的源泉。”由此可见，想象力对孩子思维的开发和创造力的培养起着非常重要的推动作用。想象力是创造力的前提，要想孩子具备创造力，首先要从培养孩子的想象力入手。

Chapter 9

心理健康教育，应渗透在生活的各个方面

心理卫生培养也不是轻而易举的

有一天我接孩子放学，看到了这样一幕：

爸爸开车来接孩子放学，孩子看到学校门口不远处的路边有卖烤红薯的，非常想吃，爸爸就给他买了一个。可能爸爸怕孩子吃烤红薯把车里弄脏，买了之后，孩子站在路边，边剥皮边吃。他剥下来的红薯皮一会儿短，一会儿长，一会儿宽，一会儿窄，而他似乎沉浸在剥红薯皮的游戏里。

爸爸看到孩子不紧不慢的样子，着急地说："像你这么剥，得剥到什么时候啊。"于是一把从孩子的手里夺过红薯，快速地把皮剥掉。红薯被爸爸抢走了，孩子非常纳闷，眼睛中透露出来的神情似乎在说：你干吗抢我的红薯？再看到爸爸的做法，孩子愤怒的情绪涌上来，气得哇哇大哭。但爸爸却没有察觉到孩子的愤怒，觉得孩子是因为着急吃才哭的，于是一边剥一边解释说："我马上就帮你剥完了，等一下。心急吃不了热豆腐。"孩子听了，哭得更厉害了。

当爸爸把剥完皮的红薯递给孩子时，孩子的愤怒值已经达到了顶点。他接过红薯就摔在了地上。爸爸看到自己辛苦剥的红薯被扔在地上，觉得孩子没有礼貌，而且很浪费，于是生气得打了孩子一巴掌。随后，父子俩就僵持在那儿。

孩子无缘无故地发脾气，在有些父母看来不是什么新鲜的事，也从来不考虑事出必有因，于是就会做出一些过于武断的举动。要知道，每个孩子都有自己的情绪，如果你的孩子总是发脾气，父母就一定要反省自己了。

方法一：克制怒火，不做暴脾气的父母

星期天，小松妈送孩子去补习班上课，可小松赖床不起，磨磨蹭蹭，耽误了出门时间，结果母子俩闹得很不愉快。小松之所以赖床，是因为他感觉太累，觉不够睡，虽说还在读小学，但每天的作业都不少，好不容易放假，还得被妈妈拽着去上补习班。对此，小松一直有情绪。

母子俩乘坐公共汽车时，司机师傅关门太急，小松妈的胳膊被车门碰了一下，尽管不是很疼，但也使她的心情变得更差了。公交车在行驶的过程中，司机开得猛、刹车急，乘客们纷纷表示出不满。

下车后，小松想喝水，妈妈皱着眉头说："事儿真多，出门才多久你就渴了，在家时干吗了？"妈妈说完，头也不回地继续往前走。

小松一听妈妈的话，赌气站住不走了。妈妈发现小松没有跟上来，回头冲着他大喊大叫。小松噘着嘴，不高兴地跟着妈妈往前走。

孩子通常十分敏感，能够体察到家人特别是父母的情绪，从而自己的心情也会受到影响，并随之发生改变。真正懂得教育孩子、给孩子传递正能量的父母，往往善于控制自己的脾气，不让自己的不良情绪影响孩子。

不管是谁，都要在不断地自我成长中逐渐完善自己，所以当孩子做错事时，父母要理解、体谅和帮助他们。而且越是这种时候，父母越不能在盛怒之下说一些脏话或者不好的词语，比如，"笨蛋、没出息、你这辈子算完了……"这样做的后果是让孩子变得自暴自弃。如果孩子犯了错，父母要先克制住自己的怒火，问明白事情的前因后果，帮助孩子一起分析、总结，避免日后犯同样的错误。

方法二：慢慢引导孩子，认识自己的情绪

每个人都会有自己的喜怒哀乐，孩子也不例外。作为成年人，我们可以正确地认识并采取恰当措施化解这些负面情绪，但是孩子却不懂。因此，每当遇到不高兴的事情时，孩子会用哭、闹甚至其他方式来宣泄。比如，放学回家后，孩子义愤填膺地对你说："妈，今天上午我同桌被我们班一个男生给推倒了，她身上沾了很多泥。"

遇到这种情况，许多家长都会追问孩子这件事情的细节："他为什么推你同桌啊？""你同桌有没有哭？""你们老师知道吗？她是怎么处理的？"……细心的父母会发现，之后几天，"推倒事件"总能被孩子不断地提起。

为什么孩子会持续几天把这件事情挂在嘴边？有时候是因为他内心的需求没有从根本上得到满足。孩子最开始对父母说这件事，是出于对同桌的同情；之后又不断提起，是因为害怕这种遭遇会发生在自己身上。

假如父母能了解孩子的这种心理，最开始就要告诉孩子，欺负人是不对的，在学校可以寻求老师的帮助；对于那些欺负别人的同学，自己应该如何做；或者哪天自己也像同桌那样被欺负了，应该如何解决等。总之，让孩子认清自己对"推倒事件"的态度以及解决办法，孩子心里有了底，自然不会对这件事抓着不放。

停一停，引导孩子欣赏沿途的风景

当下，生活节奏日益加快，对成人来说是这样，对孩子来说更是如此。现在，孩子的压力太大，除了日常的学校作业，还有辅导班的课程。而我们小时候，几乎没有课外辅导班，每天除了做作业就是玩儿。也许有人会说："现在的孩子不用为生活奔波，衣食无忧，除了学习，能有什么压力？"

但最近这几天，妈妈发现小海脸上的笑容明显减少了。之前小海放学回到家，都会叽叽喳喳地跟妈妈说些发生在学校里的趣事。可最近，小海一回家就钻进自己的房间，还显得一副闷闷不乐的样子。

妈妈觉得十分奇怪，细问之下才知道，原来下周学校统一进行单元测试，小海前阵子因为生病请假，落下了一些功课，他非常着急，担心自己考不好，因此一放学就回屋抓紧时间复习。

知道了原因后，妈妈并没有跟小海说什么，他该怎么学习还怎么学习，她也不过问。相反，她看小海学习的时间差不多了，就找机会跟小海说一些跟学习不沾边儿的事，比如希望他能帮自己点小忙，扫一下地、刷一下碗……令小海感到奇怪的是，每次做完这些事，他心情都会变得不那么压抑、沉重，明显轻松不少。而且再回过头去复习时，他的思路变得更清晰，记住的也比之前多。

单元测试的时候，试卷上的考点小海都已经掌握，并很快把题做完了。而且语文的作文题目恰巧是让写一篇生活感悟，小海凭自己的切身体会，写了一篇关于劳逸结合的议论文，最后还被老师评为了满分作文。

当小海妈发现小海的变化后，她采取的办法貌似跟学习毫不相关，可对孩子心情的调节起到了十分重要的作用。一般来说，长时间的学习后，转移注意力，进行一些其他活动，能够让身心暂时从繁重的学习中解放出来，得到一定的缓解和放松。一味地自我加压，看似“化压力为动力”，其实更容易产生疲劳感、紧张感，对孩子的心理造成一定的危害。

方法一：鼓励孩子多运动

我曾经在北京某小学进行过一次调查，调查期间遇到这样一对母子：

周亮今年 11 岁，从小学一年级开始就上辅导班。结果从这年暑假开始，妈妈就跟周亮说，要把他的辅导班先停一段时间，让他多花点时间运动运动，一是为了锻炼身体，增强身体抵抗力；二是想通过运动减轻一些他的体重。因为周亮平时嘴不闲着，而且每次都吃不少，再加上不怎么运动，体重逐渐呈上涨趋势。

按照计划，妈妈每周都花三四个晚上的时间陪儿子去游泳；周亮喜欢滑轮，周末的时候，只要完成作业他就出去跟小伙伴一起在小区里玩轮滑；学校组织的踢毽子、跑步、拔河等课间活动，妈妈也鼓励儿子积极参加。

大概过了一个学期，周亮的体重不仅达了标，他的学习也没有因此而退步。令人意想不到的是，周亮的性格比之前更加开朗，还通过锻炼认识了很多志趣相投的朋友。

西方教育中一个非常重要的核心就是体育，而且欧美国家中，越是有名望的学校，运动场地所占的比重越大。可见，从小让孩子养成爱运动的习惯，他们将会终身受益。

一所位于芝加哥附近的中学实施一项计划——零时体育，也就是说，学生早上 7 点到校进行锻炼，比如跑步，让心跳的最高值或最大摄氧量达到 70% 再开始正式上课。

开始时家长都表示反对，认为这么早让孩子起床运动，睡眠得不到保证，上课时肯定会打瞌睡，影响学习。然而家长们的担心是多余的，事实上结果正好相反，学生们锻炼之后大脑反而更加清醒，上课的气氛不仅比之前活跃了很多，学生的记忆力与专注力也明显加强了不少。

综上所述，父母不要一味地让孩子学习，适当停一停，鼓励他们多运动，积极参加体育锻炼，因为运动不仅有助于孩子的身体发育，还能促进他们社交与情感的协调发展，保证身体和心理共同健康成长。

方法二：适当放松，调节紧张情绪

我们都知道，踢足球、打篮球都有中场休息，学习同样如此。长时间处于精神高度紧张状态，人的思维就会变得非常狭窄，哪怕大脑运转得再快，但因为面窄，也容易钻进死胡同。这个时候，假如能停一停，就很有可能改善这种情况，让人豁然开朗。

丽丽是女儿在美术班认识的，她画画得不错，老师让她代表他们班参加学校的画画比赛，于是丽丽每天除了完成作业就是构思比赛作品。构思好了之后，丽丽又遇到了难题。她绞尽脑汁，怎么也想不出桌子上的花瓶到底该画成什么颜色好，怎么样才能使整张画看起来更协调、更有趣。

她的母亲看丽丽每天为比赛作品愁眉不展，心疼极了，劝她只是参加比赛而已，不要过于在意名次。周末，母亲拉着丽丽到公园散心。公园里的空气十分新鲜，丽丽之前沉闷的心情一下子变得好了很多，她忘了参加画画比赛的事，在公园里跑来跑去，一会儿追赶蝴蝶，一会儿在河边给鱼喂食……突然，她问妈妈："妈，你知道天空为什么是蓝色的吗？这种蓝色好漂亮，假如颜料中也有天空这种颜色，那就太棒了。"

面对丽丽的问题，妈妈不知道该如何回答，她摸着丽丽的头说："天空的颜色是由几种不同的光线散射出来的……"

丽丽一下子站了起来，拍着手大叫："妈，快回家，我知道应该给花瓶涂什么颜色了。"

在丽丽为参赛作品愁眉不展时，妈妈带着她到公园散心、疏解，让她紧张的状态得到了放松，对作品的着色也产生了新的想法。

要想跳得高、跳得远，我们总是会下意识地先弯下腰。同样，如果我们希望孩子能有所突破、取得更优异的成绩，就要引导他们学会放松，劳逸结合，这样往往能得到意想不到的收获。

看一看，让孩子感受亲情的温馨

现在的孩子幸福吗？也许你会觉得现在的孩子衣来伸手、饭来张口，方方面面都比我们小时候好太多，跟我们这一辈相比，他们简直就像是在蜜罐中长大的，有什么不幸福的呢？不可否认，现在孩子的生活的确丰富得多，但跟我们的童年相比，他们的幸福指数非常低。除了面对升学的压力，有些孩子甚至还要面对情感上的压力，“留守儿童”就是这方面的重要体现。

父母是最值得孩子信赖的人，但是迫于现实生活的压力，很多父母都背井离乡辛苦打拼，想通过自己的努力给孩子创造一个更好的环境，却忽略了一个事实，即父母的陪伴其实是对孩子最好的爱。

女儿出生后就没怎么跟我分开过。这件事被我一个朋友知道后，她对我说：“你天天带着孩子，多影响你工作啊？当初你那份工作多好啊，真不该放弃。你完全可以像我一样，把孩子交给老人，让他们帮忙带。自己多腾出点时间工作，奋斗几年，等条件好了，孩子也到了上学的年纪，再把孩子接过来。”对于朋友的说辞，我不置可否，依然过着边工作边照顾孩子的生活。

转眼6年时间过去了，孩子眼看要上小学了，朋友把孩子从老家接到了身边。可她发现，孩子跟她并不亲近。不管朋友怎么做，孩子总是和她保持着距离，说话也显得十分客气，缺少本该有的亲情。6岁，正是在母亲身边胡闹撒娇时，可是朋友的孩子却从来都不会这样，高兴了、伤心了都不会跟她说。最让朋友难过的是，每当回到奶奶家时，孩子跟奶奶十分亲昵，有说有笑。

意识到孩子与自己的疏远，朋友决定缓和一下跟孩子之间的关系，便自学了儿童心理学，做出一系列的改变，花了将近一年的时间，孩子才逐渐变得开朗起来，母子情才得到了一定的恢复。

生活中，有些人为了事业，将年幼的孩子留给老人或者把他们寄宿在学校，为了弥补对孩子的亏欠，他们每月都会给孩子寄钱，却忽略了孩子的情感需求。等孩子慢慢长大了，父母也有时间，能腾出空陪孩子了，但遗憾的是，孩子根本不愿意与他们沟通。这足以说明，人的一生中，除了事业，还有许多更重要的，比如亲情，需要我们时刻珍惜、感受。

对于孩子来说，父母的关爱是他们需要的全部，而且他们所有情感的萌芽也都始于父母。所以，不管多忙，都要留些时间给孩子，停下忙碌的脚步，况且现在通讯这么方便，虽然不能日日陪护孩子，但不妨每天抽出时间通过电话、视频来表达父母对他们的关爱，让他们体会到父母对他们的爱。

方法一：陪伴是对孩子最好的爱

丈夫老家的巷子里住着一位李嫂，据说她是农民出身，小时候只读过三四年的书，没什么文化；她儿子从小学习成绩就很好，每次儿子坐在书桌前认真写作业、复习时，李嫂就拿张凳子坐在儿子旁边，在本子上写写画画，直到儿子结束，她再忙活别的事。

有一次遇到李嫂，我忍不住将心中的疑问抛出来："李嫂，每天晚上都陪在儿子旁边写什么呢？"她沉默了片刻，然后缓缓地说："写什么都不打紧，我只是想用这种方式鼓励孩子，让他明白，不论什么时候，哪怕遇到再大的困难，都有人陪在他身边，永远无条件地支持他、陪着他。"

李嫂虽然文化水平不高，却用自己最真诚、最朴实的方式默默地影响、鼓舞着孩子。她的一番话也让我顿悟，对子女的教育，不在于父母能否满足他们的物质需求，而在于父母是否把全部的爱与关注投放在子女身上。于是，有了女儿之后，在她成长的过程中，我和丈夫从来不曾缺席。

女儿写作业时，我坐在她旁边，她写作业我看书，期间我们几乎没有什么交流，但是偶尔她会抬起头看我一眼，然后再继续认真做作业。

一次，我和丈夫带女儿去游乐园玩。通票里有一项过山车，女儿说她有点害怕，为了从心理上给女儿安慰，帮她克服内心的恐惧，我说我陪她一起，女儿勉强同意了。整个过程中，女儿一直紧紧抓着我的手不放，我告诉她：虽然我们是女生，但也不能因为一些事而退缩，妈妈会陪着她，做她坚强的后盾。这次以后，女儿再也不害怕坐过山车了。

陪伴是让孩子产生安全感最直接、最有效的方式。很多时候，我们不需要多少言语，哪怕只是静静地陪着孩子，他们就能体会到父母的爱。这种情感上的交流胜过任何物资上的给予，它既是父母与子女共同的心理需要，同时也是家庭有效发挥教育职能的重要前提。

方法二：平衡工作与孩子，再忙也不能做甩手掌柜

我不止一次地跟家长提过："即使上班，也要多挤点时间陪孩子。你可以把孩子交给保姆、老人，但是谁都取代不了父母在孩子心目中的地位。千万不要把忙作为借口，做甩手掌柜，为了挣钱而忽略孩子。不管多忙，都得抽时间和孩子沟通、进行有效互动。"

在我们家里，星期天是属于孩子的。每逢星期天，我跟丈夫都会放下手头儿的工作陪女儿，带她去游乐场，或者让她接受大自然的熏陶；有时也会带她去书店，三个人静静地坐下来，读各自喜欢的书；丈夫是个陶艺发烧友，偶尔他还会带女儿去做陶艺……

我记得有一次，丈夫有一个工作项目，周四周五忙了整整两天也没有做完。可周六他依然换上运动装，开车带着我和女儿出去郊游。

女儿当时在车上问他："爸爸，你的工作做完了吗？"

"没有，不过今天是周末，我白天的时间是属于你的。"听到爸爸的回答，女儿笑成了一朵花，不住地说："爸爸你真好！你是天底下最好的爸爸！"

那些我们一家三口一起度过的愉快而美好的周末，也成为我们共同记忆中最快乐的日子。

作为父母，陪伴孩子不能流于表面形式——让孩子在一边玩，自己则捧着手机、对着电脑刷微博、玩游戏，最重要的是让孩子从内心感受到你是在意他、关注他，而不是敷衍他的。每个孩子都希望父母能在自己身上投注更多的关爱，因此即便再忙，也要抽时间用心陪陪孩子。

笑一笑，教孩子体验生活的美好

一个花季女孩在自己的日记中写过这样的话：

最近不知道怎么了，总觉得生活没意思。每天的生活都是千篇一律的：吃饭、睡觉、学习，再吃饭、再睡觉、再学习……面对枯燥乏味的生活，我感觉不到一点开心，不论做什么，我都提不起精神，觉得什么都没有意思。难道只有我的生活如此，而且一直这样下去吗？

十几岁的年龄正是孩子们青春蓬勃、活力四射的阶段，同时也是他们对任何事物感到新鲜、好奇，并具有探索精神的时期。但是，在生命力最旺盛的时刻，很多孩子感觉不到生活的乐趣，而对自己的生活感到麻木和淡漠，还不时地对生活发出抱怨和无聊的感叹。

为什么他们会认为生活没有意思呢？心理学家分析指出：有些孩子之所以觉得生活没有什么乐趣，是因为他们的感知出了问题。当对生活抱有满意及感恩的态度时，才会忽略生活中的烦恼与忧愁，体会与享受生活中美好、积极、向上的一面。

晚饭后，贝贝跑过来告诉妈妈："现在的人坏心眼可真多，唉，我都不想说他们什么。”

听到这话，妈妈吓了一跳：女儿才上初中一年级，怎么会说出这样的话呢？于是她问贝贝：“怎么回事？你怎么突然说起这个呢？是不是遇到什么不愉快的事了？”

“我在报纸上看到一条新闻，说一个大学生扶起摔倒的老人，结果被讹了，硬说是大学生把他碰倒的……那个老人怎么能这么说呢？真是没良心，人家帮了他还没落好。怪不得大家都说现在坏人多呢。”女儿愤愤地说。

妈妈放下筷子，语重心长地说：“坏人多？难道你不认为那个助人为乐的大学生是好人吗？”

“这……”贝贝无言以对。

妈妈接着说：“看事情不能只看一面，你有没有留意新闻的后续报道？我记得有很多目击者都出来替那个大学生澄清，最后还了他清白。所以说，这个社会，还是好人比坏人多。”

尽管现实生活中时常会出现一些不公平或不善意的现象，但是也存在很多真善美。孩子在最初接触社会时，难免会遇到、看到、听到一些丑恶的事，如果心理承受能力较低，就会冲击他们的价值观、人生观。这时，父母要最大限度地让孩子透过这些阴霾看到光明、向善的一面，让他们感受生活的美好。如此，孩子才会对未来、生活充满信心，以积极的态度融入社会中去。

方法一：成长不易，教孩子珍爱生命

告诉孩子他们是怎么来的，当他们对自己的成长过程有所了解，自然会对生命有所敬畏，从而珍爱自己的生命及他人的生命。对于略懂事的孩子来说，他们还能体会到父母对他们的付出与包容，由此产生感恩的心。

有一次，郭晨整理文件的时候，翻出了儿子的出生证，然后他把儿子叫过来看。

当儿子看到出生证上的小脚印时，情不自禁地笑出了声，然后问爸爸："爸爸，这是我的脚印吗？怎么这么小啊。我现在的脚可比这个大多了。"

郭晨想了想，随后打开电脑，找出儿子刚出生不久拍的照片，然后给儿子说起了他刚刚出生时的情景，以及慢慢长大之后，他又是如何调皮捣蛋的。兴致来了，他还让儿子站起来，量量儿子现在的身高，称称现在的体重。

一番回忆之后，儿子认识到自己已经从原来的小不点长成了大孩子，从咿呀学语到现在独立思考，这一切的变化显得是那么神奇。最后，儿子对郭晨说："爸爸，谢谢你跟妈妈含辛茹苦把我养大，你们辛苦了，我爱你们。"

看到自己小时候住过的屋子、用过的东西、玩过的玩具，不少孩子心中自然生发出一种自己在父母的关爱下幸福成长的场景。当然，也可以茶余饭后找出之前的相册，和孩子一起翻看。在翻看的过程中，体会从小到大的改变，认识到成长的不易。这样的认知一旦深深地印在孩子的脑海，就会成为他们珍爱生命、珍惜美好生活的原动力。

方法二：引导孩子享受丰富多彩的生活

我记得有一次看央视的《百家讲坛》节目，那期的做客嘉宾是一位心理学教授。在讲到中国大学生在哈佛自杀的原因时，这位教授表示，这些学生之所以产生自杀的念头，是因为他们的日常生活极其单调、枯燥乏味，每天除了学习还是学习，从不接触其他方面的东西。

看完那期节目，我很自然地联想到了当下的中小学生。随着年龄和学业压力的增加，他们的生活难道不是也在逐渐丧失最初的色彩吗？学龄前，他们有大把的时间和机会摆弄玩具；上了幼儿园，在老师的引导下，跟小伙伴们一起做游戏、唱儿歌、学些简单的知识；上了小学，开始以学知识、应付考试为主，课外活动时间明显减少；上了中学，一天中 90% 的时间在学习，每天除了作业就是作业，除了试卷就是试卷，甚至音、体、美等副科被主科占用……

说句心里话，每当看到孩子们埋头于作业堆时，我都十分心疼，担心他们有一天会觉得无聊，会因为压力太大而产生叛逆或更糟糕的心理问题。这也就是为什么每次女儿学习、写完作业过后，我都会陪她聊聊天、玩会儿游戏、逛逛街，或者出门溜达溜达。因为即便是身为父母的我们，在长时间工作之后都会产生厌烦的情绪，更何况是长时间紧张学习的孩子们呢，所以我们要想方设法地帮助孩子调节生活，让他们感受生活的多彩。父母对待生命、生活的态度，会直接影响到孩子，成为他们人生的“教材”。

生活的美好总能激起孩子对生活的热爱、体会生命的伟大，并由此变得更加热爱生活、珍爱生命。从现在开始，让我们用心发掘并努力改变，做孩子生活中的润滑剂，引导他们发现生活的美，体验生活的多姿多彩。

动一动，启发孩子感受身体的灵动

现实生活中，许多父母有一种错误的认识，即运动会浪费时间跟体力。而科学证明，运动与智慧有着非常直接的关系。有人曾做过关于运动与学业关系的实验，研究对象是500名学生。工作人员对这些学生的运动与学业进行了追踪和观察，最后得出结论：每天上一小时体育课的孩子成绩相对较好。

运动不仅关乎孩子的健康，还有利于孩子的学习。所以，作为家长，一定要从小培养孩子热爱运动的习惯。

我女儿小的时候体质不太好，很容易感冒、发烧，于是我经常带她出去运动，希望通过运动增强她的身体抵抗力。渐渐地，女儿爱上了运动。进入小学后，许多父母都给自己的孩子报课外辅导班，像英语、奥数等，但我的侧重点依然是让女儿坚持运动。

尤其是暑假里，女儿完成每天的作业后，如果我的工作没有完成，那么她就自己去楼下找小区的伙伴玩轮滑；如果我或者丈夫有时间，就会带她去附近的健身馆游泳；如果时间绰绰有余，我们就会一起去郊游……

虽然女儿在运动上花费了不少时间，但她的成绩却没有落下，最后不仅身体非常棒，而且学习的思路也打开了。

总之，从小培养他们热爱运动的习惯，对他们的身体发展、认知能力、社交与情感的发展都大有裨益。

方法一：学习累了，带孩子运动一下

有些人认为睡觉是最好的休息方式。错！有时候哪怕睡上一天，我们也会觉得精神疲惫。为什么？我们的大脑皮质中一共有一百多亿神经细胞，用不同的方式排列组合成各不相同的功能区，当一个区域活动时，另一区域就处于“偷懒”状态。也就是说，只有当我们的身体运动起来时，大脑的其他区域才会处于休息状态。

以前我工作忙起来的时候，要加班到很晚。丈夫心疼我，便催我赶紧睡会儿，休息休息。可是，往往我人躺在床上，却翻来覆去睡不着，好不容易睡着了，第二天早起依然没精神。后来我索性起床，围着小区跑一圈，半个小时后感觉神清气爽了很多。

有了亲身体验之后，每当女儿学习状态不佳时，我就带她出去慢跑一圈，消除疲劳。起初，婆婆觉得我女儿本来写作业就累，我还带她出去跑，简直是要累坏她的宝贝孙女，于是对我的做法提出质疑。其实我就是想通过适量的运动让她的大脑得到休息，而且实际上我们回来之后，女儿的精神状态确实比之前好很多，婆婆见此，才对我的做法放了心。

千万不要觉得带孩子运动是浪费时间，正所谓“磨刀不误砍柴工”，如果孩子的大脑总是处于紧张的状态，即便绞尽脑汁，也不会有任何的进展，在此花费的时间不但长，还是无效的。鉴于此，我建议父母，如果孩子学习压力太大的时候，不妨带他们去跑跑步、爬爬山，通过运动让他们大脑的其他区域得到充足的休息，为接下来的学习、记忆积蓄更新、更足的动力。

方法二：让孩子走着去上学

在一次沙龙活动中，谈起孩子上学的问题，一位80后母亲说：“我们那时候读书都是自己走着去或骑自行车去。现在有些孩子已经上初中了，还要家长

接送，这样不仅不利于孩子的独立，还容易造成学校周边的拥堵。”

她的一席话，得到了其他父母的认可。有的说：“确实应该让孩子多锻炼一下，都这么大了，还天天接送，什么时候才能真正长大？”有的说：“我让孩子走着上学，跟他说不仅能锻炼身体，还环保，可孩子就是不愿意，嫌太累，耽误时间。”……

的确，现在的孩子比较依赖父母，都已经十多岁了，本来能自己上学，还闹着让父母接送；明明家离学校很近，走路也就十分钟，却一步也不愿意走……很难想象，这样的孩子长大后该如何面对自己的人生。那个时候，父母年老，不能再继续为他们保驾护航，而他们又没有足够的能力去应对和解决生活中的种种问题。更可悲的是，现在有些家庭为了孩子上学，全家总动员，唯恐孩子受一点罪。

父母接送孩子上学通常都是为孩子的出行安全考虑，表面上看是疼爱孩子的表现，从深远方面考虑，则剥夺了孩子能力培养的机会。因此，我还是建议家长，如果家离学校不太远的话，就让孩子自己走着去上学。一方面，锻炼孩子的独立自主性，路上大概用多长时间，几点出门不会迟到，让孩子对时间进行一个合理的规划；另一方面，父母也能得到适当解脱，获得更多的自由空间，用来提升、改变自己，或者想想如何更好地教育、辅导孩子。

想一想，教孩子正确对待失败

孩子很小的时候，失败就已经伴随着他们了：第一次努力抓某件东西，但无论如何都抓不住；第一次学习走路，磕磕绊绊，还会摔倒；第一次学骑自行车，经常连人带车倒在地上……我们都明白，经历挫折、失败并不是什么坏事，反而能让孩子从中吸取经验和教训，提高他们的抗挫能力，变得更加坚强。

有个孩子叫冰冰，上小学四年级，学习成绩不错。但是期中考试却没能考进前十名，冰冰有些失落。

爸爸发现冰冰的失落，晚饭后问他："冰冰，怎么这几天你看起来不高兴啊？是不是遇到什么事了？和老爸说说。"

"这次考试没有进入班里前十名，我觉得自己特别笨。"冰冰失望地说。

爸爸问他："那你拿到试卷之后分析过吗？问题到底出在哪儿？是不会做，还是马虎导致的？"

冰冰说："很多题我都会做，就是没有仔细审题，要么就是计算的时候太粗心了。"

"一次考试失败并不能证明什么，老师跟同学们也不会因为你这次的成绩不好就说你是个笨孩子。既然你不是不会做，而是因为粗心才丢了分，那么现在要做的就是吸取教训，下次考试时认真审题，弄明白题意再做。计算的时候，分清步骤，这样，检查的时候就很容易发现哪儿算错了。”

听了爸爸的话，冰冰脸上的愁云渐渐散去。

在孩子经历挫折时，切忌不分青红皂白地责怪孩子，相反，告诉他们：我们应该感恩遇到的所有事，既包括成功，也包括失败。人生中如果没有失败，其实是一种不幸；没有失败，人的胆识、意志、进取与坚韧等品质也就失去了意义；没有失败，整个社会将止步不前，得不到任何发展……

失败是人生中的一笔宝贵财富，只有经历过失败的人才能真正懂得成功的美好。因此，孩子遭遇失败时，要教他们正确认识，而不是对失败心存畏惧。

方法一：告诉孩子，受伤流血也要坚强

要想让孩子在充满竞争的社会中立足，必须培养他们坚韧不拔的意志与毅力，教他们敢于面对困难，跌倒了再爬起来，勇于接受并挑战生活中出现的艰难和困苦。

我女儿从小跟别的女孩不同，跌倒了，一般情况下她不会哭，而是抬起头朝四周看看，然后再自己站起来。学走路的时候也是，每次摔倒我都不着急去扶她，而是笑着对她说：“宝贝很厉害，自己爬起来。”然后，女儿就跌跌撞撞地自己爬起来。

尽管有时候女儿摔倒、受伤，我也很心疼，但每次我都尽量表现出平静的样子，一边仔细查看她的伤口，一边安慰她，转移她的注意力。我记得有一次带她去邻居家玩儿，她说要去看阳台上的菊花，没一会儿就听见了她的哭声。我跟邻居赶紧跑过去，发现女儿边哭边擦着嘴唇，手上还沾着血。原来，她跑得太快，脚下滑了一跤，摔倒的时候磕在了花盆边上。邻居见状，紧张得不知所措。我的心也一下子抽紧了，但我让自己保持镇静，轻轻抱起女儿，说：

“让妈妈看看，摔在哪里了？”我用邻居拿来的纸巾帮女儿把嘴上的血渍擦掉，发现只是下唇磕破了点皮，便稍稍放了心。我一边安慰女儿，一边给女儿洗脸，跟她讲一些她喜欢的绘本上坚强的卡通形象，过了一会儿，女儿平静下来。

除了跌跤，孩子在成长过程中还会经历生活赋予的各种困难，从小培养他们的忍耐力、意志力，让他们具备坚韧不拔、不屈不挠的精神，这样，未来他们才能在竞争中立于不败之地。

放开手让孩子学会坚强、独自面对生活的各个方面，偶尔小小“刁难”一下，让他们自己想办法解决，遇到的“折磨”多了，他们将来也就不会像温室里的花朵那样禁不住风吹雨打了。

方法二：教孩子总结失败的原因

面对失败，不同的孩子会有不同的反应：有的会沮丧，有的会愤怒，有的会表现出不屑……针对这些不同表现，父母要采取不同的方式对其进行引导。单纯的鼓励对有些孩子来说可能会起到一定的效果，但对于另一些孩子来说，不但不能使他们从失败中吸取教训，还会变得盲目自大，下次遇到同样的问题，依旧犯同样的错误。所以最好的办法就是帮助孩子分析失败的真正原因并引以为鉴。

豆豆是个活泼可爱的孩子，能说会道，非常讨人喜欢。上了一年级后，豆豆每天放学都会在小区广场上小跑几圈。

学校要举行运动会，豆豆信心满满地报了名。

比赛的前一天，豆豆对妈妈说：“我一定能拿第一。”妈妈听了，也微笑着鼓励他。

结果在运动会800米跑中，豆豆连前五名都没进去。妈妈担心儿子伤心，就安慰他："儿子，这次发挥不好没有关系，下次咱们肯定能赢。"

豆豆却没有一点伤心难过的样子，拍着胸脯说："这次是他们走运，先让着他们。"

"儿子，输了就是输了，要敢于接受。你知道这次为什么你没能拿到名次吗？除了别的同学也都在锻炼外，跑步的时候需要注意的东西你是不是都做到了，比如尽量用鼻子呼吸，不要用嘴呼吸；尽量保持匀速跑，一会儿加速一会儿减速更容易觉得累；跑的时候不要总回头看别人是不是快赶上自己了，这样会分散精力，等等。只有想明白了这次为什么会输，吸取教训，下次引起注意，才有可能赢。"爸爸坐在一旁的沙发上，严肃地说。

听了爸爸的话，豆豆点点头，说："嗯，爸爸，我知道了。我一定多练习，下次再参加赛跑的时候，也一定注意刚才你说的这些。"

豆豆赛后没有取得预想之中的成绩，最初他不但没有进行自我反思，反而认为是自己谦让，好在爸爸及时扼杀了他的这个想法，教育他要勇敢地承认自己的失败，并且帮助他分析失败的原因。

通常情况下，孩子经历失败之后会感到难过或沮丧，很少进行反思，所以父母要做的除了安慰，还要耐心帮助他们分析，而不是为他们的失败找借口，让他们享受精神上的胜利。

Chapter 10

最好的教育方法是让孩子融入大自然

让孩子走出去，学会向大自然借力

大自然是人类的学习宝库，在大自然中我们可以学到许多东西。探索欲极强的孩子，通过融入大自然，定然可以知道更多课本以外的知识。

现代父母把孩子的教育看成头等大事，以至于发出“不能输在起跑线”的声音，为此，英语、绘画、跆拳道、钢琴、舞蹈……数不清的辅导班占用了孩子课余生活的一大部分。然而，就在父母紧锣密鼓地为孩子谋划未来时，也有些父母选择利用节假日的时间让孩子回归大自然。

周女士就是其中一位：

自从女儿上了小学，周女士每年暑假都会带着女儿出去玩，几十天的假期都在外面度过。如今，她们已经去过很多地方。

今年，她们去的是四川峨眉山。

周女士很早就预订了酒店，设定了计划，每天都有一项安排，玩累了就休息。因为时间充裕，她们的旅途并不忙碌。

在峨眉山，她们认识了许多树种，许多动物，女儿玩得不亦乐乎。在认识更多物种的过程中，她们每天晚上都会一起在网上查阅资料。如果在旅途中遇到自己不认识的，就拍张照片，等晚上回到住处再查。不仅如此，周女士还顺带着给女儿介绍了各种文化，比如：山茶文化、佛教文化、武术文化等，这些知识无形中在女儿的心里扎了根。为了让女儿更容易理解，周女士给她讲了很多跟峨眉山有关的故事，飞来殿的故事就是其中之一。当然，最令人难忘的是母女俩在金顶看日出的经历，这让她们深深地感受到了自然的伟大。

暑假，当众多家长都在为孩子报补习班的时候，周女士却带着女儿回归了山林。这种做法朴实无华，却会对孩子的一生产生重要影响。

最好的家庭教育不是圈养，而是像案例中的父母那样，用最自然、最朴实的方法，陪孩子度过简单、快乐而又充实的童年，帮助他们形成乐观、开朗的性格，为他们未来的人生开辟一条单纯、朴实的路径。这样，不仅对孩子的身心发展有利，还能让孩子的心胸宽广，成长空间也更加广阔。

方法一：假期，带孩子回乡下老家

国庆节，李女士带着女儿回到老家。老家院子里种着一棵枣树，树上结满了枣，沉甸甸的，枝头都被压弯了。女儿拿来一根木棍，踩着凳子，用木棍打枣，一颗一颗地往下掉，姥姥就一颗一颗地拾到小桶里，不一会儿小桶就满了。女儿看着满满的一桶枣，兴奋极了，高兴得又跳又叫。

当时正好赶上收玉米，李女士带着女儿到地里，帮着家人掰玉米，然后用车拉回家。第二天，大家又聚在一起给玉米剥皮晾晒。看着院子里金灿灿的玉米，女儿高兴地对妈妈说："妈妈，明年这个时候你还带我回来收玉米吧。"

大自然和农村生活能带给孩子最本真的快乐，这是一种不同于城市的教育。我国有一种"天人共育"的理念，顾名思义，里面包含了天育和人育。所谓的天育就是指自然教育，意思是说，人的成长离不开大自然的熏陶，大自然中有"人育"所不能赋予我们的东西。

虽说教育资源和教育设施变得越来越先进、完善，但是城市的快节奏生活也在逐渐扼杀孩子的天性，让教育失去本真的色彩。所以，寻找机会让孩子回归自然，这一点值得引起父母的重视。

方法二：让孩子融入自然，切身体会

有人说，“四体不勤，五谷不分”的孩子将来不一定不幸福，没必要让孩子成为生活小能手。对于这样的观点，我个人持不同意见，认为这种教育对孩子并不是可有可无，甚至可以说是非常有必要。

试想，不知道面粉是什么农作物生产出来的，怎么能体会丰收对农民的意义？不知道水是怎么形成的，怎么可能在生活中做到节约用水？连地都不扫，怎么可能珍惜环卫工人的劳动成果？……总之，想让孩子成为一个健全的、认知丰富的人，大自然的教育必不可少。

在女儿有了自己的认知后，我就有意带她干农活。我记得有一年五一，为了让女儿懂得珍惜粮食，不浪费，我就带她到农田里，教她认识小麦长什么样，成熟前和成熟后有什么区别；拎着小桶带她到地里现摘草莓，告诉她什么样的草莓能摘，还教她怎么辨识草莓的秧和叶；如果有大棚种植反季的农作物，我们会争取大棚主人的同意，进去逛一圈儿。

自从有了这次体验后，女儿时常让我带她去认识应季的农作物，比如玉米、高粱，辨认土豆秧和红薯秧等。渐渐地，通过这些“田园课程”，女儿学到了不少，比住在高楼林立的城市里的其他孩子知道的都多。

现在的孩子大都娇生惯养，父母也意识不到告诉他们粮食、蔬菜、水果是怎么来的，他们自然就不会关心，也体会不到农民种植的辛苦，所以才会出现饭菜吃不完就扔掉，水果咬一口不好吃也扔掉的情况。

从现在开始，带孩子融入大自然，而不是只给他们准备各式的零食和漂亮的衣服，还自认为这是孩子最渴望的。实际上，让他们多跟大自然接触，也是一种有效的教育方式，因为孩子能从中受益颇多。

科学散养的孩子更能成才

俗话说“成才的树不用苛，成才的人不用说”。其实，很多人对这句话抱质疑态度，因为我们常说“育才、育才”，可见，不教育怎么能成才呢？

进入 21 世纪以来，受到“哈佛女孩”“输在起跑线上的哈佛男孩”“哈佛凌晨四点半”等育儿思想的影响，如今很多父母对孩子严加管教，为了孩子长大能出人头地、厚积薄发，从小就给他们报各种补习班，甚至出现了“虎爸虎妈”的现象。事实上，这种错误的教育思想与教育方式只会扼杀真正有天才潜质的孩子。空间为天，自由为才。散养，在一定程度上才是最能展现孩子天赋的方式。

一位已经当了妈妈的朋友曾经对我说：

“我的童年完全是散养的，父母不在身边，我在爷爷奶奶身边长大，他们只管穿衣吃饭，根本不懂教育，每天任由我跑这儿跑那儿。那时候我还小，因为农村的环境相对闭塞，也缺少教育跟指点，对人或物没有足够的警惕性，缺乏安全感，后来也慢慢养成了懒散的习惯。反思自己的童年，我觉得散养并不可取，所以有了孩子之后，在教育他时，我奉行‘圈养’的策略。我对儿子的每个需求都尽量满足，为他争取最好的学校和辅导班接受教育，还刻意引导他朝着我心目中能给人安全感的男子汉的方向发展。开始的几年还不错，无论到哪儿，大家都夸他。可是随着儿子年龄的增长，我逐渐发现我们之间的矛盾越来越多，有时候他对我很不耐烦，说我管得太紧，让他觉得有束缚感，所以对我说的话也根本不听。”

何为圈养？就是接受条条框框的限制，迎合当下市场的教育需求，让孩子按照父母的意愿走一条看似合理、规矩的路。何为散养？就是以孩子的意愿为主线，在一定程度上任其自由发展，父母不进行过多的限制与约束，给孩子创造轻松的生活环境和教育环境。当然，散养与圈养并不是完全对立的两个方面，不能绝对地说散养好、圈养不好，或者圈养好，散养不好。父母只要结合孩子的特点，找到符合他们自身的教育方式，帮他们养成良好的行为习惯和生活习惯，就是成功的。

父母只有弄清散养与圈养各自的利弊，该放手时放手，该圈养时圈养，给孩子一个明确的信号，才能让他将自身的潜能充分发挥出来。

方法一：给孩子充分的自由

这里我们先讲一个“天才”养成计划：

朱天舒曾就读于郑州外国语学校，2012 年被耶鲁、斯坦福等 19 所一流大学录取，被人们称之为“天才”。

朱天舒出生在郑州的一个普通职工人家，从小就没上过什么辅导班，父母也没有为她做过任何的安排，更没有对她提出什么目标。小学阶段的朱天舒，成绩普通，但父母并不会为了成绩而批评她。

初中时，随着课程的增加，作业量也是与日剧增，有时朱天舒会连着做到晚上 12 点。妈妈不让她搞题海战术，让她多注意休息；她鼓励朱天舒要按计划学习，合理分配自己的时间。

在妈妈的引导和支持下，朱天舒逐渐养成了独立思考的习惯并练就了超强的自学能力。她的英语口语能力尤其卓越。她多次参加了西安市举办的英语演讲比赛并获得大奖。

高中时期，朱天舒的成绩虽然不是年级最好的，但基本上都保持在年级前十名。有时她也会在课堂上开“小差”，甚至还会在英语课上学习其他科目。老师把朱天舒的课堂表现反馈给家长，结果她妈却是这样回答老师的：“我女儿的事情都由她自己做主，我不干涉！”

正是这种“放羊式”的家教，让朱天舒得以成为一只独立的小鸟，自由地翱翔在天地间，并取得了令人称赞的成绩。

不可否认，朱天舒之所以能取得好成绩，一个很重要的原因是妈妈给了她极大的自由。因为没有过多的约束，朱天舒才能按照自己的想法来做事，才能根据自己的兴趣来学习。反之，如果妈妈对她管束太多，可能就不会取得这样的结果了。

有人认为散养就是对孩子撒手不管，不闻不问，这种想法是大错特错的，实际上，散养也有其科学性。作为父母，我们不要认为学习课本知识是孩子唯一的出路，而要让他们自由地成长，广泛接触、体验新鲜事物。只有认识广、接触多，他们才能从中慢慢地探寻到一定的规律，从而更轻松、快乐地学习、生活。

方法二：无论圈养还是散养，都要把握好一个度

女儿刚学会走路时，冬天下雪过后，我带她出去，让她自己去摸、去踩，亲自体验雪带给她的感受。我不会因为怕她冻着就呵斥她拿雪玩儿，或是担心雪不干净就阻止她用舌头舔，我只是想让她通过自己的方式对这个世界形成认知。对孩子来讲，这种探索也是一种有趣的过程。

我们旁边的小区里有个孩子叫多多，她的父母平时工作忙，因此多多一直是由奶奶带。平时，老人对多多的限制很多，只要天气不好就不让她下楼玩儿；即使天气好带她出来，也都自始至终拉着她的手，寸步不离。多多跟我女儿差不多大，但相比之下，多多明显更内向，不爱说话，也不爱笑。

圈养是为了教孩子懂规矩。在父母的悉心教导下，孩子能够顺利地适应社会规则。而科学地散养能让孩子获得更多的自由，并且在不断地探索中变得更加独立、自强。

教育孩子，究竟是圈养好，还是散养好？我认为这要具体问题具体分析，有时孩子需要圈养，有时又要给予一定的散养，无论如何，把握好度是关键。

给孩子多一些体验的机会比说教更重要

说教是许多父母常使用的一种教育方式，目的是为了提醒孩子，让他们不走弯路。可是，在大部分情况下，父母单凭说教并不能教育好孩子。只有说教、缺少体验，很难让孩子对一件事形成正确、持久的认知。

上大学的时候，我们经常在校外吃饭。有对夫妻在我们学校门口卖面皮，买的次数多了，我们就熟了。

夫妻俩大概五十多岁，一年四季不论刮风还是下雨，都没有休息过。后来从聊天中，我得知他们有三个孩子：两个女儿，一个儿子。夫妻俩比较传统，偏爱儿子，家务活都让两个女儿干，并且一致认为家务活很简单，儿子看看就能学会。虽然家里的经济条件不是很好，吃的、穿的、用的都比不上同龄孩子，可是两个女儿很争气，学习成绩一个比一个好，最后都考上了不错的大学，毕业后也都留在了城市工作。夫妻俩也为女儿们感到骄傲。

有了姐姐做榜样，夫妻俩对儿子也报以殷切的期望。为了让儿子进最好的中学，他们还专门搬了家。儿子很聪明，最开始学习成绩确实不错，可后来跟同学比吃比穿，天天跟父母要钱花，心思一点都不在学习上，成绩也直线下滑。夫妻俩怎么劝说都没用，最终儿子高中没上完就退学了。

夫妻俩很懊悔："当初怕儿子吃苦，我们处处护着他，不让他干这干那，唉，都是惯的，要不然他也不会变成现在这样，吃不得一点苦，受不了一点委屈。”

有一首诗，其中一句是“纸上得来终觉浅，绝知此事要躬行”，正是在警醒我们：不要单纯地依靠课本，要亲身体验生活，只有这样，我们才能得到更好的磨炼，变得优秀。

方法一：带孩子参加农活

我出生于20世纪70年代，相信不少跟我同龄的人都有过农村生活的经历，也做过不少农活。但随着现代化进程的加快，当初那种田园乐趣越来越少，我们的下一代基本上体会不到。尤其是在城市生活的孩子，如果突然强拉硬拽要他们去田间体验、亲近大自然，他们未必会情愿；但是如果能激发起他们对田园的兴趣，让他们从被动接受变为主动接受，可能会出现不同的效果。

去年十一，朋友李绍带着女儿回四川老家，正好赶上当地的花生熟了。有一件事对朋友触动很大，于是她忍不住给我打长途电话，感慨了一番。

那天，李绍和家人聊花生的话题，女儿听了，问她，花生长什么样？朋友想了想，说：“你知道葡萄吗？花生像葡萄一样，一串一串长在藤上。”第二天，朋友要帮老人一起去地里收花生，女儿也要跟着。到了地里，女儿第一次见到花生苗，十分好奇，跑过来跑过去，特别高兴。大人们都准备好了工具，准备收花生。结果女儿跑过来，说：“妈妈，花生在哪儿啊？我怎么看不到啊？”女儿的一番话惹得众人哈哈大笑。

奶奶笑着说：“奶奶给你变个戏法怎么样？”说着，她一镢头下去，一串花生就出现在眼前。

“花生是长在地下的呀？怪不得你们说刨花生呢！我以为花生是像葡萄一

样长在外边呢。”

“咱们分工，我负责刨，你负责把上面的土擦掉，好不好？”

“好。保证完成任务。”

在大家的努力劳作下，半天的时间，花生就收了一多半。吃过午饭，我们紧赶慢赶，赶在太阳落山前把花生收清，装在车上拉回了家。吃晚饭的时候，老人专门洗了一盆放在锅里煮。女儿异常兴奋，一边吃着花生一边说：“奶奶，咱们家的花生真的太好吃了。明年我还回来帮你刨花生。”

朋友跟我说，之前她女儿并不喜欢劳动，但这次收花生之后，她的转变非常大，对此朋友感到特别欣慰。

兴趣是获取知识的动力。想让孩子与大自然亲近，首先要激发他们的兴趣，这样才能让他们愿意置身其中去体验，领悟生活的另一种乐趣。最主要的是让孩子感受大自然的神奇和美，陶冶他们的情操、愉悦他们的心情、增长他们的见识。

方法二：教孩子做个“小农夫”

一块泥巴，别看脏兮兮的，交到孩子手上，他们也能玩很久，甚至能变换着花样捏出不重样的“作品”。而从玩具店里精心挑选买回来的玩具，他们往往玩几天就腻了。有时候看着家里堆积如山的玩具，不仅会觉得浪费钱，对开发孩子的智力也并没什么太大的帮助。

春天，爸爸跟儿子一起在院落的一角种下了不少种子，有西瓜、西红柿，还有茄子、豆角。然后，爸爸问儿子：“一到夏天你就喜欢吃西瓜，今年咱们自己种着吃。如果你想吃到又甜又沙的西瓜，就要照顾好它。当然，还有西红柿、茄子和豆角。看它是怎么发芽、开花，又是怎么结出果实、慢慢长大的。”

儿子听了点点头，于是每天都跑过来看一看，给它们浇水、拔草，甚至还编了一首歌谣：“我在院里种下瓜，天天浇水来看它。慢慢发芽长出花，然后结个大西瓜。大西瓜呀大西瓜，又甜又沙还很大。”

爸爸让儿子照顾好种下的种子，目的就是给儿子创造一个亲近自然的机会，让他知道“种瓜得瓜，种豆得豆”的道理。同时也希望他能够懂得：大自然跟生命是很神奇的，小小的种子代表着未来和希望，只要现在精心照料、耐心付出，将来就可以收获累累的硕果。

不知道父母是不是有过这样的体验：一跟孩子说要带他们到公园玩，他们就会高兴得手舞足蹈。为什么？除了可以不用看书复习、上辅导班，他们更期待公园带给他们的自由和放松——在这个小小的自然环境里，他们跑跑跳跳，追蝴蝶、喂金鱼、放风筝……这些无不令他们发自内心地高兴。

如果你是明智的父母，会明白“百说不如一做”这句话的含义。因此，父母最好的教育方法就是给孩子提供动手体验的机会，丰富他们的课余生活，让他们的身心得以健康地发展。

让孩子用最简单的方式了解、记录大自然

大自然是孩子们的活教材。细细分析这一观点，其实不难理解。大自然向孩子们展示了具体、形象、生动的内容，为他们探索世界、认识世界提供了最好的、纯天然的素材，它既是孩子快乐成长的乐园，也免费为父母贡献着丰富的教育资源。因此，在孩子融入自然的过程中，要抓住机会教他们用自己的方式进行简单的了解和记录。

我出生在河北农村，时不时就到地里嬉戏玩耍，还经常跟一起玩的小伙伴建了个“秘密花园”。有一阵子，我们不论高兴还是难过，都会躲进这个秘密花园。为人妻、为人母之后，我们搬到熙熙攘攘的城市生活，偶尔我还会怀念起那段时光，以及那个承载着我的欢乐和泪水的秘密花园。在我看来，那既是生命中的一种挂怀，也是当时的一种精神寄托。

随着女儿慢慢长大、懂事，情感世界也逐渐丰富，我会有意让她多融入大自然：春风和煦的日子，我带她去公园、湖边，看嫩绿的垂柳、黄的迎春花、粉红的桃花、洁白的梨花，听小鸟在枝头歌唱；暑假里，我带她去内蒙古或坝上草原，或者是去有山有水的地方，跟她一起捉蚂蚱、挖知了，雨后从水塘里捞几条小蝌蚪回来养，看它们是怎么一天天变化，长腿去尾成为小青蛙的；秋高气爽时，我带她去离家不远的农村，看苹果、桃等挂满枝头，看辽阔的田野

里一派忙碌的丰收景象，或者拾几片枫叶夹在书里做书签，或者干脆用树叶拼贴一幅秋景图；白雪皑皑的冬天，我跟丈夫带她到雪地里堆雪人、滚雪球，拉着她滑雪……

有句诗说“春有百花秋有月，夏有凉风冬有雪”。也就是说，大自然四季更迭，不管哪个季节都有各自的特色，都能唤起孩子们的好奇心与探索欲。只要父母正确地认识和对待，让孩子真正地置身其中、亲身体验、充分感知，就能获取探索大自然秘密的钥匙。

方法一：鼓励孩子，不断地探索

七七是个漂亮的小姑娘，她平时最喜欢看的动画片就是《小猪佩奇》，尤其是看到佩奇和弟弟乔治或者其他小伙伴在泥坑里跳来跳去时，她总表现出一副跃跃欲试的样子。看到七七的模样，妈妈知道她也想体验那种在泥坑里跳来跳去的感觉。

没过几天，天气阴沉，下起了淅沥的小雨。傍晚时分，雨停了，妈妈对七七说：“宝贝，我带你出去玩儿，我们找个小水坑，你可以像小猪佩奇一样在里边跳来跳去，怎么样？”七七听了，不住地点头，眼睛里也充满了期待。

刚要出门，七七停住了，对妈妈说：“妈妈，佩奇和乔治在泥坑里跳来跳去的时候，它们的妈妈说过，要换鞋的。”妈妈笑了笑，指了指门口的鞋架。七七顺着妈妈手指的方向，看见一双粉色的小雨鞋，于是她急匆匆地换好，然后连蹦带跳地跑在妈妈前面，下了楼。

她们在小区广场的水泥地面找到一个因为凹陷而堆积成的小水坑，七七径直冲了过去，学着小猪佩奇的样子蹦跳，看着四处飞溅的水花，她乐得哈哈大笑。看到七七如此开心，妈妈为此感到高兴。

在不断的探索与尝试中，孩子可能会把自己弄得浑身脏兮兮、湿漉漉，或者是犯这样那样的错误。这时，请父母保持镇定，不要轻易责怪他们，因为只有一一经历过，他们才会越来越清楚自己想要什么，什么才是自己最珍贵的、最需要的。一旦目标明确，再加上父母的有效引导，他们就能在正确的人生路上越走越远。

方法二：带孩子走进大自然

有些心急的父母早在孩子四五岁时就开始教他们认字、识数、练琴、学画画……希望他们不被同龄孩子甩在身后。但他们忽略了很重要的一点，那就是孩子爱玩的天性。限制越多，越容易引起他们的反抗情绪，最后往往会取得适得其反的效果。

以下是一个妈妈的育儿回忆，她的经历或许能给我们带来一些启发。

儿子上小学的时候，我们没有像其他家长那样给孩子报补习班，而是经常带他出去玩儿。平时周末，我们带他去离家不远的公园、动物园，寒暑假的时候会带他到远点的地方，比如暑假带他去北戴河、青岛看海；冬天带他去哈尔滨看冰雕，或者去云南大理、丽江。这些活动满足了孩子的好奇心。每次游玩回来，他就在笔记本上记录一路上看到的、听到的以及自己的真实感受。

跟班里其他孩子相比，我儿子的课外知识明显多很多，这使得他在与朋友的交往中充满自信。

后来，接触的自然美景多了，儿子便喜欢上了绘画。学校的美术老师多次向我反映，说我儿子的注意力和观察力都非常棒。我知道，这跟他融入大自然的亲身体验有很大关系。虽然我们没有给孩子报补习班，但他的学习成绩从来没有让我们担心过。

中国式父母有一个明显的特点——攀比心重，生怕自己的孩子不如别人家的孩子，或者听到任何人评论自己的孩子笨、学习不好等。为了保住自己的面子、维护自己的虚荣心，他们常常不顾孩子的感受，让他们学这个、会那个。

这位妈妈的育儿经历证明，遵循孩子的成长规律，让他们多接受自然的熏陶，能教他们掌握新知识、建立自信，同时提高适应能力、增强专注力与观察力。

还孩子一个完整、快乐的童年

孩子的童年到底应该如何度过呢？是与书本为伍，还是保持童真与天性？其实，关键取决于父母的做法。我提倡让孩子过一个完整、快乐的童年，而且这一观点得到一位母亲的大力支持，她这样告诉我：

对于儿子的成长，我跟我老公的态度就是顺其自然，从来不逼他做什么事，学习上也是一样，只跟他讲清楚学习知识的重要性，至于学习成绩，我们从来不要求他必须考班里第几、年级第几。一般情况下，男孩的玩心都比较重，但我跟他爸爸的态度是，玩的前提是必须完成老师布置的作业。当然，有时候他会糊弄着做完，如果我们有时间检查他的作业且错误百出，会严肃地批评他；如果我们因为忙，顾不上检查，学校老师也会惩罚他，我曾经两次收到儿子班主任的微信通知，一次是说罚他写一篇字词，一次是罚他做一页计算题，要求家长监督完成。总之，只要儿子能遵守原则、保质保量，他想怎么玩就怎么玩，我们从不禁止。

著名教育家包祥校长曾出版过一本书叫《童年是属于大自然的》，书中提到："儿童天生不是一张白纸，他们具有高度的天赋，他们有许多事是无师自通的。这是重要的儿童观，儿童生长观。问题在于，通过什么样的途径，用什么样的方法，更好地引导和发挥孩子们的天赋。”可见，越是自然的教育，孩子的天赋越能够得到充分发挥。

不可否认，从小培养孩子，让他们有一技之长，对他们今后的人生确实有一定帮助，但如果为此剥夺本应属于他们的快乐是得不偿失的，也有违身心的健康发展。

希望父母们牢记：孩子的童年是属于大自然的，所以请把属于他们的快乐交还给他们。

方法一：让孩子享受大自然

有一次我在网上看到一条信息，大意是说，一位父亲为了让自己年幼的儿子知道萤火虫到底长什么样，于是在从网上发布帖子求购萤火虫，最终购买了50只回来，在院中放飞。

乍一看到这则消息时，我的内心被触动了一下，开始觉得新鲜，随后对这位父亲的举动充满了敬佩之情。这让我很自然地想起我小时候：夏天的夜里跟同伴在村边的小树林里玩，偶尔能看到飞舞的萤火虫，淘气的男孩免不了用手捂住几只，放进罐头瓶里，大家一起围着看。现在，随着大规模的城市建设，环境污染严重，萤火虫日益少见。尤其是00后的城镇孩子，或许只能从动画片中知道什么是萤火虫，没有见过真的。所以，我对这则消息中的孩子能拥有这样的父亲感到幸运。

有心的人会发现，无论中学还是小学，孩子们的书包都是沉甸甸的，有的孩子除了要完成各科老师布置的家庭作业，还要做辅导班老师给的练习题。尽管他们能够熟练地背诵课文，却无法真正体会捉蛐蛐、抓蝴蝶的乐趣；尽管他们对全国各省会、景点能脱口而出，却从不曾踏入那片土地，感受当地的风土人情……这就是如今孩子的现状，他们更多时候是活在虚拟的世界里，由于势单力薄，无法打开抒发自己情怀的缺口。

大自然是知识的宝库，是想象力与创造力的源泉。大量事例证明，懂得欣赏美的孩子一般更容易获得幸福，有创造力的孩子更具有竞争力。美国诗人惠特曼也说：“我知道造就最好人才的秘密，就是在野外成长，与大地一起作息。”所以，让孩子和自然建立一种情感联结，点燃他们的好奇心与热情，让他们感受生命的力量和人生的无限种可能。

方法二：让孩子体验农村生活的美好

农村孩子与城市孩子的生活体验是迥然不同的。农村孩子往往“野性”更多一些，而“宅童”“温室的花朵”则成为大多数城市孩子的代名词。

的确，为了让孩子得到更系统的教育、有更好的生活，我们需要到城市中生活，但这并不意味着城市生活就是百利无害的，家长有条件、有时间的情况下，依然可以带着孩子去体验乡村生活的乐趣。

女儿今年5岁，上幼儿园中班，孙女士平时因为忙于工作，很少带孩子回农村老家。很长时间不见面，姥姥姥爷十分想念这个外孙女，每次通电话都问孙女士，什么时候带孩子回去。夏天，孙女士决定利用年假的时间，带孩子回老家住一阵子。

老家没有彩色电视、没有电动玩具，甚至没有无线网，不到三天，女儿就有点厌烦了。孙女士告诉她，外公是村里有名的钓鱼高手，明天可以带着她一起去河边钓鱼。

第二天一早，女儿提着一个小塑料水桶，跟着姥爷去钓鱼，直到过了午饭点，祖孙二人才慢悠悠地回到家。老太太一个劲儿地埋怨：“你怎么这么晚才带孩子回来？你不饿，也不替孩子想想？”

女儿高兴地说：“姥姥，我一点都不饿。姥爷真厉害，半天钓了四条鱼，你看。”女儿满脸的骄傲，边说边指着塑料小桶里的鱼，示意姥姥看一下，并说："姥爷，我们明天还去钓鱼，行不行？"

这之后的5天里，女儿简直像是上了瘾似的，三天两头跟姥爷出去玩，有时候是去小河边钓鱼，有时候让姥爷带她去山坡看人家放羊，有时候是到菜园里捉虫子、挖蚯蚓，每次回来女儿都特别开心，什么动画片、手机游戏，早忘得一干二净了。

在钢筋水泥铸造的城市森林中，孩子的娱乐项目无非是电视、手机、玩玩具；农村就不一样了，农村的孩子更容易投入大自然的怀抱，而且大自然无与伦比的魅力不仅能让孩子尽情享受，还能开启他们的智慧。

如果你的孩子长期在车水马龙的都市生活，那么不妨利用节假日，带他们回归自然、亲近自然，让他们尽情享受童年本应有的乐趣，并在风吹日晒、摸爬滚打中变得更加结实。

后　记

不要让自己的一厢情愿毁了孩子

孩子的成长离不开父母，这里所谓的“离不开”，既不意味着孩子一定要黏着父母，也不是说孩子的一切都必须由父母包办。

孩子是独立的个体，他们有自己的思想、自己的判断，会按照自己的意愿做事。父母一厢情愿地为孩子的将来铺路、规划、为孩子进行取舍……最终的结果只能毁了孩子——缺乏主见、依赖性强、极度缺乏安全感等，或者会让他们觉得窒息，离你越来越远。

“十年树木，百年树人。”在教育这条漫长的路上，父母一定要摆正心态、不断寻求最好的方法，引导孩子一步步前进，一点点改正，吸取教训，用心总结。

少了跑道，飞机无法起飞；少了历练，孩子无法成才。如果你希望自己的孩子将来能够成龙成凤，现在开始就不要再一厢情愿地替他们思考、替他们决断，而要遵循成长发展的规律，为他们提供尽可能多的机会，让他们在成长的过程中变得乐观、自信、勇敢、坚强。

不管买多少本育儿书，不管参加多少场育儿讲座，也不管搜集多少个育儿视频，父母始终要坚持一个立场：爱孩子，就让孩子在自由、自然的状态下成长！揠苗助长只会害了孩子。